Nachhaltiger Konsum

Daniel Fischer und Michael von Hauff

Vorbemerkung

1

Treibhausgasemissionen, Artensterben, Hungerlöhne und Kinderarbeit – wir wissen oder ahnen zumindest, dass wir mit der Art und dem Umfang, wie und was wir in wohlhabenden Ländern wie Deutschland konsumieren, einen Anteil haben an globalen Problemlagen. Mit der Idee der Nachhaltigkeit ist der Anspruch verbunden, allen Menschen heute und in Zukunft ein gutes Leben im Rahmen der Grenzen unseres Planeten zu ermöglichen. Wie lässt sich ein Konsumhandeln denken, das mit diesem Anspruch vereinbar ist bzw. sogar einen positiven Beitrag zur Erreichung dieses Ziels leistet?

Dieser Band bietet Leserinnen und Lesern eine hintergründige Einführung in die Diskussion über die Fragen, wie ein Konsumverhalten aussehen und gefördert werden könnte, das mit der Idee der Nachhaltigkeit vereinbar ist. Der Band ist entlang von Fragen aufgebaut, die ihrerseits aufeinander aufbauen, aber auch unabhängig voneinander gelesen werden können:

Was ist Konsum? Welche Folgen hat er für Mensch und Umwelt? Was ist ein nachhaltiger Konsum? Wie lässt er sich fördern? Wie wird er aktuell politisch gefördert? Wie wird er bereits gesellschaftlich praktiziert?

Neben der inhaltlichen Diskussion dieser Fragen innerhalb des begrenzten Rahmens dieses Bandes finden interessierte Leserinnen und Leser am Ende einen umfangreichen Serviceteil, der ihnen ein weiterführendes und vertieftes Studium einzelner Teilfragen ermöglicht.

In den Band flossen zahlreiche Arbeiten der Autoren ein, die zu weiten Teilen in Diskussion und Zusammenarbeit mit anderen Kolleginnen und Kollegen entstanden sind. Diese sind an entsprechender Stelle in Form von Zitaten ausgewiesen. Ihnen allen sei an dieser Stelle herzlich gedankt. Dank gebührt ferner Prof. Dr. Gerd Michelsen für seine Anmerkungen sowie Teresa Ruckelshauss und Maren Preuss, die in der Recherche und Erarbeitung des Bandes unterstützt haben. Ein letzter Dank gebührt Angelika Röming für das sorgfältige Lektorat und die hilfreichen Hinweise zur Verbesserung des Manuskriptes.

Konsum: Eine Herausforderung für Nachhaltigkeit

2

1. WAS IST KONSUM?
2. WIE HAT SICH KONSUM GESELLSCHAFTLICH VERÄNDERT?
3. WELCHE FOLGEN HAT KONSUM FÜR MENSCH UND UMWELT?

2.1 Was ist Konsum?

Für eine Bestimmung des Konsumbegriffs lässt sich zunächst unterscheiden zwischen seinem Begriffsumfang (was ist damit gemeint?) und seiner Funktion (wozu dient der Konsum?). In Bezug auf seinen Begriffsumfang lässt sich ein engeres und ein weiteres Verständnis unterscheiden. In einem engeren Sinne wird mit dem Konsumbegriff in der Literatur der Ge- und Verbrauch von Konsumgütern bezeichnet. Dem gegenüber wird jedoch auch gefordert, dass Konsum „in einem weiten und ganzheitlichen Sinne verstanden werden" muss, bei dem es „nicht nur um Kaufentscheidungen, sondern um den gesamten Umgang mit Bedarfen und ihrer Deckung in Form von Marktgütern und Nichtmarktgütern" (Scherhorn & Reisch 1997, S. 11f.) geht. Konsum in einem weiteren Sinne schließt also „zusätzlich die Auswahl (Selektion), die Anschaffung (Akquisition) sowie die Entsorgung bzw. Weitergabe (Disposition) ein" (Fischer et al. 2011, S. 76).

In Bezug auf seine Funktion ist Konsum kein Selbstzweck, sondern dient der Befriedigung unserer Wünsche und Bedürfnisse. Diese lassen sich aus ethischer Perspektive in objektive Bedürfnisse und subjektive Wünsche unterscheiden (siehe im Folgenden Di Giulio et al. 2011). Objektive Bedürfnisse sind solche, die befriedigt werden müssen, damit Menschen bestimmte Fähigkeiten entwickeln und entfalten können, die für ein gehaltvolles Leben unbedingt notwendig sind. So setzt die Entfaltung körperlicher Integrität als einer dieser Fähigkeiten unter anderem den Verbrauch von Lebensmitteln und von angemessener Unterkunft voraus. Subjektive Wünsche hingegen sind all jene Bedürfnisse, für die nicht gilt, dass sie zur Entfaltung dieser Fähigkeiten befriedigt werden müssen.

Konsumhandlungen lassen sich in diesem Sinne als „Akte des Auswählens, Beschaffens, Nutzens bzw. Ge- und Verbrauchens sowie des Entsorgens bzw. Wiederverwertens und Ko-Produzierens von

Konsumgütern zur Befriedigung objektiver Bedürfnisse und subjektiver Wünsche" (Fischer et al. 2011, S. 77) zusammenfassen.

TAB. 1:

VERSCHIEDENE ARTEN VON INDIVIDUELLEM KONSUMHANDELN

Wie direkt?	Welcher Art?	Beispiele
Direkte Einflussnahme durch Konsum	Privates Konsumhandeln	Erwerb, Nutzung und Entsorgung von Konsumgütern als Privatperson
	Nicht-privates Konsumhandeln	Erwerb, Nutzung und Entsorgung von Konsumgütern in beruflicher Rolle
Indirekte, vermittelte Einflussnahme auf Konsum	Konsumpolitischer Aktivismus	Engagement in Organisationen und Demonstrationen
	Nicht-aktivistisches konsumpolitisches Handeln	Unterstützung und Akzeptanz von Politikgestaltung (z.B. Dosenpfand)

Quelle: In Anlehnung an Stern 2000

Für gewöhnlich wird unter dem Konsumbegriff das private Verbraucherverhalten verstanden. Konsumhandeln lässt sich jedoch auch durchaus weiter fassen. So lassen sich auch die Arten und Weisen, wie wir uns in Organisationen verhalten und diese mitgestalten (z.B. am Arbeitsplatz, in Bildungseinrichtungen), welche politischen Positionen wir stärken (z.B. bei Wahlen) oder wie sehr wir uns aktiv zivilgesellschaftlich engagieren oder an Aktivitäten beteiligen (z.B. an Boykotts) als weitere Formen von (politischem) Konsumhandeln verstehen (Tab. 1). Schließlich konsumieren natürlich nicht nur Individuen, sondern auch Gruppen und Organisationen (z.B. die öffentliche Beschaffung).

Konsumhandeln im hier verstandenen weiten Sinne umfasst somit ein breites Spektrum unserer heutigen Lebenswelt. Dieser bedeutenden Rolle des Konsums in unserem Leben wird soziologisch dadurch Ausdruck verliehen, dass Gesellschaften industrialisierter Länder wie Deutschland als „Konsumgesellschaften" betrachtet und untersucht werden. Diese Entwicklung ist historisch gesehen eine relativ junge, wie im Folgenden kurz skizziert werden soll.

2.2 Wie hat sich Konsum gesellschaftlich verändert?

Mit dem Voranschreiten der Industrialisierung im späten Kaiserreich um die Wende vom 19. zum 20. Jahrhundert vollzog sich ein Prozess, der heute als Beginn der deutschen Konsumgesellschaft verstanden wird: *„Die Selbstversorgung ging zurück, je weiter sich Urbanisierung und Lohnarbeit ausbreiteten. Der Distributionssektor blühte auf, und innovative Formen des Einzelhandels wie Konsumgenossenschaften und*

Warenhäuser florierten. Die medialen Katalysatoren des Konsums, Presse und Werbung, vervielfältigten sich und mit ihnen die Bilder und Versprechungen vom »guten Leben«. Der Verbraucher wurde gleichermaßen zur politisch relevanten wie wissenschaftlich interessanten Figur" (Torp & Haupt 2009, S. 11f.).

Nach dem Zweiten Weltkrieg entwickelte sich in Deutschland eine nach amerikanischem Vorbild geprägte Konsumgesellschaft (Kleinschmidt 2008). Der durch Massenproduktion und Automatisierung ermöglichte rasante Anstieg des materiellen Lebensstandards für die breite Gesellschaft führte zu einem massiven Anstieg des Energieverbrauchs. Dieser Mehrbedarf wurde zunehmend über die kostengünstige Ölproduktion gedeckt (sogenanntes „1950er-Syndrom", Pfister 1994). Es entstand eine neue Rolle des Konsumenten bzw. der Konsumentin. Menschen verfügten in den marktwirtschaftlichen Systemen der Nachkriegszeit über die Ressourcen, ihre Freizeit aktiv zu gestalten, Mobilitätserfahrungen in einer für die breite Masse bisher nicht dagewesenen Form zu machen und frei über am Markt erhältliche Konsumgüter zu verfügen. Als ein wesentlicher Treiber für das, was in der Ökonomie als die Zunahme von Bedürfnissen und dem Streben ihrer Befriedigung aufgefasst wird, ist der technische Fortschritt auszumachen, durch den nicht nur neue Produktionsverfahren, sondern auch Modifikationen oder auch neue Güter entstehen. Ein weiterer wichtiger Treiber für diese wachsende Bedürfnisbefriedigung sind die steigenden Einkommen, die in vielen Gesellschaften zu beobachten sind.

In marktwirtschaftlichen Systemen gibt es besonders nach Auffassung der Wachstumsgegner einen regelrechten Zwang, immer mehr Güter herzustellen und zu verkaufen und auf diese Weise ein immer höheres Niveau der Nachfrage der Verbraucherinnen und Verbraucher zu stimulieren, was aus dem Streben nach Wachstum zu begründen ist. Ökonomen und Ökonominnen gehen dabei grundsätzlich von der Unendlichkeit der menschlichen Bedürfnisse aus. Insofern gibt es im Prinzip keine Grenzen der Bedürfnisbefriedigung, was mit der Neugestaltung bzw. Weiterentwicklung von Gütern und Dienstleistungen begründet wird. Gleichzeitig wird die Nachfrage der Verbraucherinnen und Verbraucher nach diesen Gütern und Dienstleistungen durch eine komplexe gesellschaftliche Logik vorangetrieben. Natürlich benötigen wir alle materielle Güter wie jene nach Nahrung, Kleidung, Obdach und Schutz, um unsere elementaren Bedürfnisse befriedigen zu können und damit unsere Existenz zu sichern. Darauf beschränkt sich jedoch die Rolle von Gütern nicht. Konsumgüter gehen weit über ihren materiellen Gebrauchswert hinaus. Materielle Güter erleichtern uns teilweise die Teilnahme am gesellschaftlichen Leben und tragen somit zu unserem Wohlstand auf einer immateriellen, d.h. gesellschaftlichen Ebene bei.

Neben der Befriedigung von Grundbedürfnissen (Needs) dient der Konsum somit in entwickelten Konsumgesellschaften zunehmend der Befriedigung von Kulturbedürfnissen (Wants) (König 2000). Damit ist neben dem funktionalen Gebrauchswert von Gütern und Dienstleistungen vor allem deren symbolischer Wert von Bedeutung. Mit dem „Symbolwert von Gegenständen und Handlungsweisen werden der soziale Status, der milieuspezifische Lebensstil und nicht zuletzt auch der individuelle Geschmack kommuniziert" (Umweltbundesamt 1997, S. 225). Dadurch haben „Kaufentscheidungen [...] in zunehmendem Maße symbolischen Charakter" (Spangenberg 2003, S. 34) und erfüllen eine „Identitäts- und Distinktionsfunktion" (ebd., S. 35). Diese Kopplung vom Warenabsatz an die Identitätsbildung, die eine „Pflicht zum Konsum" (Baudrillard 2006) begründet, bezeichnet die Studie des Wuppertal-Instituts denn auch als „die Achillesferse der späten Konsumgesellschaft" (BUND & Misereor 1996, S. 216).

Der amerikanische Ökonom und Soziologe Thorstein Veblen prägte erstmals 1899 in seiner „Theorie der feinen Leute" den Begriff des Geltungskonsums, wobei dieses Phänomen bis in die Frühgeschichte zurückgeht (Veblen 2000). Als „demonstrativer Verbrauch" bzw. „demonstrative Verschwendung" zielt das öffentlich zur Schau getragene Konsumieren darauf ab, deutlich zu machen, was man sich alles leisten kann. Dadurch kann der soziale Status sichtbar werden und es entsteht oft der Wunsch diesen zu erhöhen. Viele neue Produkte bzw. Modeartikel können sich zunächst nur die Reichen leisten, da sie zu Beginn nur in kleinen Stückzahlen produziert werden. Bei wachsender Stückzahl sinkt der Preis und die Güter erfahren dadurch eine stärkere Verbreitung. Die Annäherung der Statussymbole zwischen oberen und mittleren bzw. unteren Einkommen führt dazu, dass die Reichen sich durch neue Güter erneut absetzen wollen, was zu einer Konsumspirale führt. Hier spricht man auch von dem Statuskonsum.

Die Ausdifferenzierung der Lebenswelten und die zunehmende Aufladung des Konsums mit symbolischem Zusatznutzen ging einher mit der Entwicklung segmentierender Marketingansätze in der Werbung, mit denen nun verschiedene Milieus und Subkulturen identifiziert und mit spezifisch zugeschnittenen Konsumgütern adressiert werden konnten (Borscheid 2009). Dabei lässt sich das Verhältnis von Werbung und Konsum nicht als ein einseitiges Bedingungsgefüge, sondern nur in seiner Wechselwirkung angemessen verstehen: Werbung offeriert Sinnangebote, die Konsumentinnen und Konsumenten sich auf eigene Weise aneignen und damit verändern, woraufhin wiederum Werbung reagiert (Hellmann & Schrage 2004).

Die mit Identitäts- und Distinktionsfunktion beschriebenen Bedeutungsebenen von Konsum verdeutlichen, dass Konsumhandlungen heutzutage keineswegs nur Ausdruck einer marktgebundenen Konsumentensouveränität, sondern „ideologisch, ökonomisch, technisch, historisch und sozial eingebettet in den Kontext der Produktions- und Konsumweise der jeweiligen Kultur" (Bocock 1995, S. 34, zit. nach Reisch 2003, S. 41) sind, sich also innerhalb eines durch die „Koevolution von Kontext und Kultur" (Reisch 2003, S. 42) gesetzten Rahmens ausgestalten.

Auf die kulturelle Formung von Praktiken und Objekten, die Konsum ausmachen (Slater 1997), weist auch der chilenisch-deutsche Philosoph und Volkswirt Manfred Max-Neef (1992) hin. Er schlägt vor, zwischen Bedürfnissen und Befriedigern zu unterscheiden. Es lasse sich ein begrenztes Set an fundamentalen menschlichen Bedürfnissen benennen, das anthropologisch universell, d.h. allen Menschen zu allen Zeiten gemein sei. Dies ist z.B. das Bedürfnis nach Subsistenz, Schutz oder Verstehen. Was sich zeitlich und räumlich hingegen verändert und unterscheidet, sind nicht die Bedürfnisse selbst, sondern die Arten und Weisen, wie sie kulturell in Gesellschaften befriedigt werden. Dabei unterscheidet Max-Neef verschiedene Typen von Befriedigern. Pseudo-Befriediger z.B. vermittelten lediglich das Gefühl einer Bedürfnisbefriedigung, während synergetische Befriediger simultan mehrere Bedürfnisse befriedigen und zum gesamten Wohlbefinden einer Person beitragen. Kennzeichnend für Konsumgesellschaften sei, dass Konsum als Befriediger von Bedürfnissen eine dominante Stellung einnehme. Interessant ist, dass kultureller Wandel in Richtung eines nachhaltigen Konsums in dieser Sichtweise somit nicht bedeutet, auf Bedürfnisbefriedigung zu verzichten, sondern nicht-nachhaltige Befriediger zugunsten nachhaltigerer Befriediger auszutauschen, die eben auch gerade *nicht* Konsumgüter oder Dienstleistungen sein müssen (vgl. Jackson & Marks 1999).

Aus gesamtwirtschaftlicher Perspektive stellt sich natürlich die Frage: welche Folgen hätte es in unserem Wirtschaftssystem, wenn es Grenzen der Bedürfnisbefriedigung oder eine Sättigung von Bedürfnissen gäbe? Das würde sich negativ auf das Wirtschaftswachstum und damit auf die gesamte wirtschaftliche Dynamik, aber auch auf die wirtschaftliche Stabilität auswirken. So wären negative Effekte auf den Arbeitsmarkt, auf die Einkommensentwicklung und damit auf den Wohlstand der Bevölkerung, aber auch auf das staatliche Budget und die sozialen Sicherungssysteme zu erwarten. Die Abhängigkeiten moderner Volkswirtschaften von diesen Zusammenhängen halten uns nach Jackson „im stahlharten Gehäuse des Konsumismus gefangen" (Jackson 2013, S. 79). Insofern widerspricht die ökonomische Logik zunächst dem nachhaltigen Konsum zumindest dann, wenn wachsende Bedürfnisse und deren Befriedigung Umweltprobleme wie Umweltverschmutzung, aber auch den Verbrauch nicht regenerativer Ressourcen verursachen.

Tim Jackson, Professor für Ökonomie in Großbritannien, gehört zu den renommiertesten Kritikern eines exponentiellen Wachstums und dem damit verbundenen Konsumismus (v. Hauff 2015). Als Vertreter der Postwachstumsökonomie fand sein Buch „Wohlstand ohne Wachstum" in diesem Zusammenhang große Beachtung (2013). Darin kommt er zu der Erkenntnis, dass Wohlstand ohne Wachstum zumindest für hoch entwickelte Volkswirtschaften der westlichen Welt keine Utopie ist. Er sieht darin vielmehr eine finanzpolitische und ökologische Notwendigkeit. Er beschreibt den Zustand der reichen Nationen so, dass in ihnen die Grundbedürfnisse bereits im Überfluss gedeckt sind. Eine Vermehrung der Konsumgüter kann den materiellen Komfort kaum noch steigern. Daraus ergibt sich für ihn die Frage: *„Können ständig steigende Einkommen für die bereits Wohlhabenden weiterhin legitimer Mittelpunkt ihrer Hoffnungen und Erwartungen sein – in einer Welt mit endlichen Ressourcen und engen ökologischen Grenzen, in einer Welt, die immer noch gekennzeichnet ist durch Inseln des Wohlstandes inmitten eines Ozeans der Armut? Oder gibt es vielleicht einen anderen Weg hin zu einer nachhaltigen, gerechteren Form des Wohlstandes?"* (Jackson 2013, S. 4).

Seine Überlegungen basieren also ganz zentral auf der ökologischen Nachhaltigkeit und der Gerechtigkeit. Während die Hälfte der erwachsenen Weltbevölkerung zusammen 1 % des weltweiten Gesamtvermögens besitzt, vereinen die reichsten zehn Prozent mehr als 85 % auf sich (Credit Suisse 2018). Diese extrem ungleiche Verteilung von Einkommen und Konsummöglichkeiten ist nicht nur ein humanitäres Problem, sondern erzeugt auch wachsende soziale Spannungen. Zur Bewertung des Konsums stellt er fest, dass Menschen, die nach einem unangemessenen Fortschritt im Sinne des Fortschritts nach Konsum streben, nicht nur ihre Umwelt zerstören, sondern auch ihr psychisches bzw. seelisches und soziales Wohlbefinden. Die Dynamik des Konsums, d.h. das rastlose Begehren nach immer mehr Konsum, das als nicht nachhaltig einzustufen ist, fordert rastlose Innovationen der Unternehmen heraus.

2.3 Welche Folgen hat Konsum für Mensch und Umwelt?

Studien zum Verlauf globaler Umweltveränderungen und zu sozialen Entwicklungen zeichnen ein mitunter alarmierendes Bild:

- Die globale Entnahme von natürlichen Ressourcen hat zwischen 1992 und 2012 über 40 Prozent zugenommen, dies entspricht einer Pro-Kopf-Zunahme von annähernd 27 Prozent (UNEP 2011). Die Ressourcenentnahme in der EU liegt derzeit bei ca. 16t pro Person pro Jahr (Westeuropa: 20t / globaler Durchschnitt: 10t). Die

Zielgröße für den globalen Durchschnitt im Jahr 2050 liegt bei 6-8t pro Person (UNEP 2016b).

- Dem Ecological Footprint Network zufolge hat sich der ökologische Fußabdruck der Menschheit – ein Maß für die Beanspruchung natürlicher Ressourcen – in den letzten 50 Jahren um 190 Prozent erhöht und liegt heute ca. 68 Prozent über der Regenerationsfähigkeit (WWF 2018). Zugleich gibt es aber auch Hinweise darauf, dass sich der Fußabdruck in einkommensstarken Ländern wie Deutschland leicht reduziert (Global Footprint Network 2018).

- Zahlen der Internationalen Energieagentur belegen, dass sich sowohl das totale Primärenergieangebot als auch der totale Endkonsum zwischen 1973 und 2013 global mehr als verdoppelt haben (IEA 2015). Nach drei Jahren ohne Anstieg sind die energiebezogenen CO_2-Emissionen in 2017 und 2018 wieder gestiegen auf ein Niveau, das mit den klimapolitischen Zielen nicht vereinbar ist (IEA 2018).

- Der letzte von der Europäischen Kommission vorgelegte Monitoring-Bericht zur EU-Nachhaltigkeitsstrategie aus dem Jahr 2015 weist aus, dass der Elektrizitätskonsum europäischer Haushalte zwischen dem Jahr 2000 und dem Jahr 2013 um 14,8 Prozent gestiegen ist (Eurostat 2015).

Neben diesen Prognosen gibt es weitere kritische Bereiche des globalen Umweltwandels. So beobachten wir Entwicklungen wie den rasanten Verlust an Biodiversität (SCBD 2014) oder eine nachweisbare Verschärfung des Klimawandels (IPCC 2018). Weitere Anzeichen einer nicht-nachhaltigen Entwicklung sind Verwüstung, Raubbau, Schadstoff-Einträge, Trinkwassermangel und anthropogene (vom Menschen verursachte) Störungen der globalen Stickstoff- und Phosphorkreisläufe (EEA 2015, Steffen et al. 2015).

Vorherrschende Produktions- und Konsumweisen werden dabei als ein maßgeblicher Treiber globaler Umweltveränderungen ausgemacht (WWF 2018, EEA 2015, UNEP 2016b). Konsumfelder, die maßgebliche Beiträge zu diesen Auswirkungen leisten, sind die Bereiche Bauen und Wohnen (einschließlich Heizen), Mobilität sowie Ernährung (Ivanova et al. 2015). Konsumgüter verursachen einerseits direkte globale Umweltbelastungen, wenn sie genutzt werden (z.B. Stromverbrauch). Andererseits sind mit ihnen auch indirekte Umweltbelastungen verbunden, die während ihrer Produktion und Entsorgung verursacht werden (EEA 2010).

Dieser Zusammenhang lässt sich am Beispiel der Digitalisierung sehr gut verdeutlichen. Einerseits findet die Digitalisierung in Deutschland gegenwärtig eine hohe Beachtung und hat teilweise eine regelrechte Euphorie ausgelöst. *Internet of Things*, *Big Data* oder *Cloud Computing* führen bei Privatnutzerinnen und -nutzern hinsichtlich der Anwendungspotenziale und möglichen Dienstleistungen zu hohen Erwartungen. Auch für Unternehmen wird im Kontext der Digitalisierung noch ein hohes wirtschaftliches Umsatzpotenzial prognostiziert. In diesem Zusammenhang wird daher auch eine mögliche nächste industrielle Revolution unter dem in Deutschland kreierten Stichwort *Industrie 4.0* intensiv diskutiert.

Wendet man sich andererseits den Anforderungen eines nachhaltigen Konsums an die Dienstleistungen der Digitalisierung zu, so geht es zunächst um den Zusammenhang von Digitalisierung und Energieverbrauch. Dabei ist grundsätzlich davon auszugehen, dass der Einsatz von Informations- und Kommunikationstechnologien (IK-Technologien) und damit auch die Anzahl digitaler Geräte in Zukunft weiter steigt. Dabei gilt zu berücksichtigen, dass sowohl die Herstellung als auch der Betrieb von IK-Technologien ressourcenintensiv ist. Grundsätzlich lassen sich folgende vier Bereiche abgrenzen: (1) Für den Betrieb von Rechenzentren ist ein weltweit stark steigender Stromverbrauch festzustellen. (2) Die wachsende Datenmenge des Internets und der anderer Netzwerke erfordert vermehrt Energie. (3) Die privaten Endgeräte wie Tablets und Smartphones weisen einen steigenden Stromverbrauch auf. (4) Die Produktion von IK-Technologien erfordert ebenfalls Energie und besonders Ressourcen wie Seltene Erden und Metalle. Schlüsselt man den gesamten Energieverbrauch der vier Bereiche für das Jahr 2010 auf, so ergibt sich folgendes Bild: 11 Prozent werden für Rechenzentren benötigt, 28 Prozent für Telekommunikation, 38 Prozent für Endgeräte und 22 Prozent für die Herstellung von IK-Technologien.

Auf internationaler Ebene wird der Stromverbrauch für das Jahr 2013 auf insgesamt 1500 TWh (Terrawattstunden) geschätzt. Das ist mehr als 10 Prozent der gesamten Energieproduktion weltweit und entspricht dem Stromverbrauch von Japan und Deutschland. Der Anteil von IK-Technologien an den globalen CO_2-Emissionen beträgt zwischen 2 und 2,5 Prozent. Dieser relativ geringe Anteil entspricht jedoch den CO_2-Emissionen der weltweiten Luftfahrtindustrie. Weiterhin ist zu erwarten, dass bis zum Jahr 2020 der Anteil auf etwa 4 Prozent anwachsen wird. Geht man davon aus, dass die Entwicklungsländer in den nächsten Jahren die „Digitalisierungslücke" zu den Industrieländern verringern, so werden dadurch die Emissionen noch weiter ansteigen.

Es kann also festgestellt werden, dass die Digitalisierung in Beziehung zum Klimaschutz auf „Kollisionskurs" liegt. Trotz eines stetig steigenden absoluten Stromverbrauchs von Rechenzentren gewinnt der Begriff „grüne Rechenzentren" zunehmend an Bedeutung. Dabei gilt jedoch zu berücksichtigen, dass auf globaler Ebene die steigende Strommenge noch über einen längeren Zeitraum primär über fossile Brennstoffe erzeugt werden wird. Daher kommt der Energieeffizienz in diesem Kontext eine hohe Bedeutung zu, wobei jedoch festgestellt werden muss, dass die Energieeffizienz, d. h. die Energieeinsparungen, durch den Rebound-Effekt kompensiert bzw. überkompensiert werden können.

Neben dem Energieverbrauch und den damit verursachten Emissionen ist für die Herstellung digitaler Technologie noch der wachsende Rohstoffverbrauch von großer Bedeutung. Dabei geht es besonders um nicht regenerative Ressourcen. Im Jahr 2008 wurden beispielsweise 625t Silber in IK-Technologien verarbeitet. Das entspricht einem Anteil von drei Prozent der Weltproduktion. Bei Gold liegt der Anteil bei vier Prozent, bei Palladium bei 16 Prozent und bei Cobalt bei 23 Prozent. Die Funktionalität digitaler Geräte basiert hauptsächlich auf Seltenen Metallen (z.B. Coltran, Antimon, Indium oder Gallium) und Seltenen Erden (z.B. Scandium, Yttrium und Lanthan). Die Vorkommen dieser Ressourcen konzentrieren sich auf wenige, oft fragile Länder. So stammen etwa 81 Prozent aller seltenen Erden, die z.B. für die Herstellung von Bildschirmen und Mikrophonen benötigt werden, aus China (Fichter et al., 2012). Neben Umweltbelastung sind mit der Ressourcengewinnung auch soziale Probleme verbunden. So stammt etwa 67 Prozent des weltweit geförderten Kobalts aus dem Kongo, wovon wiederum ca. 15 Prozent aus unreguliertem Kleinbergbau gewonnen werden, der mit Menschenrechtsverstößen und Kinderarbeit in Verbindung steht (Guhr 2018).

Vor diesem Hintergrund wird deutlich, dass die Entstehung und Ausbreitung einer konsumorientierten Mittelklasse in den sogenannten BRICS-Staaten (Brasilien, Russland, Indien, China und Südafrika) die Beanspruchung der Umwelt durch den Menschen weiter (Kharas & Gertz 2010) verschärft. Im Jahr 2005 überstieg der Energiebedarf der Nicht-OECD Länder den der OECD-Länder zum allerersten Mal (IEA 2008).

Aus Umweltveränderungen resultierende Probleme und Gefährdungen stellen jedoch nur eine Seite der globalen Konsumherausforderung dar. Menschliche Facetten der globalen Konsumherausforderung umfassen Bereiche wie:

• Den ungleichen Zugang zu Ressourcen: bezieht man alle Materialien ein, die für den Endverbrauch und damit unseren Konsum benötigt werden (materieller Fußabdruck, siehe Wiedmann et al. 2015), so lässt sich feststellen, dass für die Deckung des Konsums von Menschen in Europa rund doppelt so viele Materialien benötigt werden wie für Menschen aus dem westlichen Asien und sogar rund sieben Mal so viele wie für einen durchschnittlichen in Afrika lebenden Menschen. Menschen in den USA benötigen sogar noch ein Viertel mehr für ihren Konsum als Menschen in Europa (Schandl et al. 2016). OECD-Länder, die weniger als 20 Prozent der Weltbevölkerung ausmachen, verbuchen rund 56 Prozent des weltweiten Stromverbrauchs auf sich (OECD 2011, S. 5), während einer von acht Menschen überhaupt keinen Zugang zu Elektrizität hat (IEA 2018). Mehr als jeder dritte Mensch auf der Welt – die meisten davon in Südostasien und Subsahara-Afrika – kochen mit Festbrennstoffen, einem Hauptfaktor für Luftverschmutzung in Innenräumen, die jährlich mehr als vier Millionen Tote fordert (WHO 2016a).

- Unter- und Überkonsum: Der Anteil der unterernährten Menschen in sich entwickelnden Regionen hat sich zwischen 1990 und 2015 fast halbiert. Gleichwohl gelten noch immer über 12 Prozent aller Menschen in diesen Regionen als unterernährt (FAO 2015). Gleichzeitig schätzte die Weltgesundheitsorganisation WHO, dass sich Fettleibigkeit zwischen 1980 und 2015 weltweit verdoppelt hat und 2014 mehr als 1,9 Milliarden Menschen als übergewichtig gelten (davon über 600 Millionen als adipös) (WHO 2016b). In den OECD-Ländern wird gar davon ausgegangen, dass über die Hälfte der Erwachsenen und eines von sechs Kindern übergewichtig sind (OECD 2017).

- Physische und psychische Effekte von Konsum: Chemikalien in Konsumprodukten werden zum einen mit Gesundheitsfolgen wie Krebs, Fehlbildungen und Fruchtbarkeitsverlust in Verbindung gebracht (Backhaus et al. 2012). Kontrovers diskutiert wird zum anderen auch die Verbindung zwischen Umweltveränderung, Konsum und Wohlbefinden (Millennium Ecosystem Assessment 2005). In jüngerer Zeit wurden zahlreiche Anstrengungen unternommen, den Zusammenhang zwischen Wohlbefinden bzw. Glück und materiellem Wohlstand auch empirisch zu untersuchen (Jebb et al. 2018).

- Ein bisher vernachlässigtes Thema des Konsums ist das wachsende Problem der Kaufsucht. Im Gegensatz zur Alkohol- bzw. Drogensucht wird sie bisher nicht als eigenständige Krankheit wahrgenommen, obwohl sie eine zunehmende Verbreitung erfährt. Erste Studien schätzen jeden vierten bis fünften Deutschen als „deutlich kaufsuchtgefährdet" ein (Reisch et al. 2004, Raab & Neuner 2009), neuere beziffern den Anteil auf ca. 7 Prozent der Gesamtbevölkerung (Mueller et al 2010). Danach kaufen Men-

schen oft Dinge, die sie nicht brauchen, d.h. die für ihre Bedürfnisbefriedigung kaum von Bedeutung sind. Durch den Kauf erleben
sie ein Glücksgefühl, das jedoch nur kurzfristig anhält.

Angesichts der hier nur schlaglichtartig beleuchteten Folgen von Konsum für Mensch und Umwelt stellt sich die Frage, wie ein nachhaltiger
Konsum ausgestaltet sein müsste, der heute und zukünftig Lebenden
ein gutes Leben innerhalb der Grenzen unseres Planeten ermöglicht.
Dieser Frage wird im nachfolgenden Kapitel nachgegangen.

Was ist nachhaltiger Konsum?

3

1. DAS BESTIMMUNGSMERKMAL NACHHALTIGKEIT
2. NACHHALTIGER KONSUM: EINE FRAGE DER ABSICHT,
   DER WIRKUNG, ODER BEIDEM?
3. ZUM VERSTÄNDNIS NACHHALTIGEN KONSUMS

Konsumhandlungen wurden eingangs als „Akte des Auswählens, Beschaffens, Nutzens bzw. Ge- und Verbrauchens sowie des Entsorgens
bzw. Wiederverwertens und Ko-Produzierens von Konsumgütern
zur Befriedigung objektiver Bedürfnisse und subjektiver Wünsche"
(Fischer et al. 2011, S. 77) bestimmt. Drei Merkmale dieser Bestim-
mungen sind:

- Konsum umfasst mehr als das Kaufen oder Entsorgen (nämlich
  z.B. eben auch das Benutzen, das Instandsetzen).
- Konsum ist kein Selbstzweck, sondern darauf ausgerichtet, unsere individuellen Wünsche und unsere menschlichen Bedürfnisse
  zu befriedigen.
- Konsumgüter (Dienstleistungen eingeschlossen) sind nicht
  bloß unnötige ‚Luxusgüter' (z.B. Unterhaltungselektronik oder
  Schmuck), sondern sehr breit zu verstehen (und umfassen z.B.
  eben auch Lebensmittel, Kleidungsstücke, Heizenergie oder die
  Busfahrkarte).

Um nun bestimmen zu können, wann verschiedene Konsumhandlungen als ‚nachhaltig' bezeichnet werden können, benötigen wir einen Bewertungsmaßstab. Dieser muss sich aus der – philosophisch gesprochen – „Idee" der Nachhaltigkeit selbst ableiten (Di Giulio 2004).

3.1 Das Bestimmungsmerkmal *Nachhaltigkeit*

Der Beginn der Bedeutungsprägung des Begriffs *Nachhaltigkeit* reicht bis ins 18. Jahrhundert auf den sächsischen Oberberghauptmann Hans Carl von Carlowitz zurück, der den Begriff der Nachhaltigkeit erstmals im Bereich der Forstwirtschaft verwendete (Carlowitz & Hamberger 2013). In seiner forstwirtschaftlichen Verwendung besagt das Prinzip der Nachhaltigkeit, dass durch Abholzung nur so viele Bäume gefällt werden dürfen, wie durch Baumneupflanzungen nachwachsen können. Diese praktischen Handlungsüberlegungen, die bis heute das Verständnis nachhaltiger Forstwirtschaft prägen, gelten als Ursprung des Versuchs, den Faktor Natur mit ökonomischen Prinzipien zu vereinbaren (Kopfmüller et al. 2001). Eine zweite Bedeutungsprägung erfuhr der Begriff vor allem durch seine politische Verwendung seit den 1970er Jahren. Die Konferenz *Human Environment* der Vereinten Nationen in Stockholm widmete sich im Jahr 1972 unter dem Stichwort *Ecodevelopment* vor allem umweltpolitischen Inhalten und deren Zusammenhang mit Entwicklungsfragen.

Im Zuge der sich weiter fortsetzenden Zunahme von Umweltbelastungen sowie ökonomischen und sozialen Krisen (wie zum Beispiel Hungersnöte, zunehmende weltweite Verschuldung) wurde 1983 von den Vereinten Nationen die Kommission für Umwelt und Entwicklung eingesetzt. Im Jahr 1987 veröffentlichte die Kommission ihre Handlungsempfehlungen in dem nach ihrer Vorsitzenden benannten *Brundtland-Bericht* (Hauff 1987). Dem Bericht werden in der heutigen Rezeption vor allem zwei Verdienste beigemessen: Zum einen verhalf er dem Leitbild der nachhaltigen Entwicklung (englisch: *sustainable development*) zu weltweiter Bekanntheit auch außerhalb der (fach-) wissenschaftlichen Diskussion, zum anderen verknüpfte er erstmals drei zuvor eher unabhängig voneinander diskutierte Dimensionen menschlichen Handelns miteinander: die soziale, die wirtschaftliche und die ökologische Dimension (Umweltbundesamt 1997). Dieses dreidimensionale Nachhaltigkeitsmodell kann als „Grundlagenmodell" oder „Basiskonzept" bezeichnet werden (Becker 2001), das zu einem neuen Gleichgewichtsverständnis für unsere Gesellschaft führt (v. Hauff 2014, S. 32ff.).

In der Verknüpfung ökologischer und sozialer Dimensionen wird auch der Nord-Süd-Dialog sichtbar: Die Kommission erkannte an, dass ökologische Entwicklung nicht losgelöst von verstärkten Bemühungen um Entwicklung betrachtet und erreicht werden kann. Die

Brundtland-Kommission bezeichnete nachhaltige Entwicklung dem-gemäß auch als eine „Entwicklung, die die Bedürfnisse der Gegen-wart befriedigt ohne zu riskieren, daß künftige Generationen ihre ei-genen Bedürfnisse nicht befriedigen können" (Hauff 1987, S. 46). Im Nachsatz des häufig zitierten ersten Satzes der Nachhaltigkeitsdefini-tion der Brundtland-Kommission werden dabei zwei zentrale Aspekte hervorgehoben (ebd.):

„Zwei Schlüsselbegriffe sind wichtig:

- *Der Begriff von ‚Bedürfnisse‘, insbesondere der Grundbedürfnis-se der Ärmsten der Welt, die die überwiegende Priorität haben sollten; und*
- *der Gedanke von Beschränkungen, die der Stand der Technologie und sozialen Organisation auf die Fähigkeit der Umwelt ausübt, gegenwärtige und zukünftige Bedürfnisse zu befriedigen."*

Die Idee der Nachhaltigkeit vermittelt bereits in ihrer Begrifflichkeit die Vorstellung einer Welt, wie sie sein sollte. Sie bezeichnet somit einen idealen Zielzustand, während ‚nachhaltige Entwicklung‘ als der Weg verstanden werden kann, gegenwärtige Prozesse in gesellschaftli-chen und politischen Handlungsfeldern gerechter, verantwortlicher und zukunftsfähiger im Hinblick auf eben jenen Zielzustand der Nach-haltigkeit hin zu gestalten. Im Zentrum der Idee der Nachhaltigkeit, wie sie im Bericht der Brundtland-Kommission entfaltet wird, steht das sogenannte „Gerechtigkeitspostulat" (Kopfmüller et al. 2001, S. 31) mit seiner Forderung nach inter- (Generationen-) und intragene-rationeller (Verteilungs-)Gerechtigkeit (Tremmel 2004). Der Begriff der Nachhaltigkeit hat somit im Kontext der Vereinten Nationen eine spezifische Bedeutung und Verwendung, die sich von anderen, z.B. alltagssprachlichen oder forstwirtschaftlichen Verwendungskontexten des Begriffs der Nachhaltigkeit unterscheidet (Di Giulio 2004).

Eine populäre Metapher, die den Kerngedanken der Nachhaltig-keits-idee illustriert, ist der sogenannte OXFAM-Doughnut (Abb. 1). Der nach der britischen Nichtregierungsorganisation benannte Ansatz ergänzt die verbreitete, aus den Erdsystemwissenschaften stammen-de Konzeption eines sicheren Handlungsraums. Dieser sichere Hand-lungsraum ist definiert durch die Einhaltung von planetarischen Gren-zen (Rockström et al. 2009, Steffen et al. 2015). Der Oxfam-Doughnut nun ergänzt diese äußeren planetarischen Grenzen um komplementäre innere soziale Grenzen. Diese sozialen Grenzen stellten Mindestanfor-derungen dar, die für menschliches Wohlergeben als unerlässlich ange-sehen und daher nicht unterschritten werden dürften. Der Doughnut repräsentiert somit die Idee eines „Korridors" (Blättel-Mink et al. 2013) bzw. eines sicheren und gerechten Handlungsraums (Raworth 2012), dessen Begrenzung einerseits aus nicht zu überschreitenden natürli-

chen Belastungsgrenzen und andererseits aus nicht zu unterschreiten-
den sozialen Gewährleistungen (Mindeststandards) für menschliche
Entwicklungschancen besteht. Während die äußeren planetarischen
Grenzen wissenschaftlich abgeleitet wurden, gehen die elf inneren sozialen Mindeststandards auf weitgehend konsensuale Forderungen unter den Teilnehmerstaaten der Rio+20-Konferenz und damit auf einen
politischen Diskussionsprozess zurück (Raworth 2012).

ABB. 1:
SICHERER UND GERECHTER LEBENSRAUM FÜR DIE MENSCHHEIT
(*OXFAM-DOUGHNUT*)

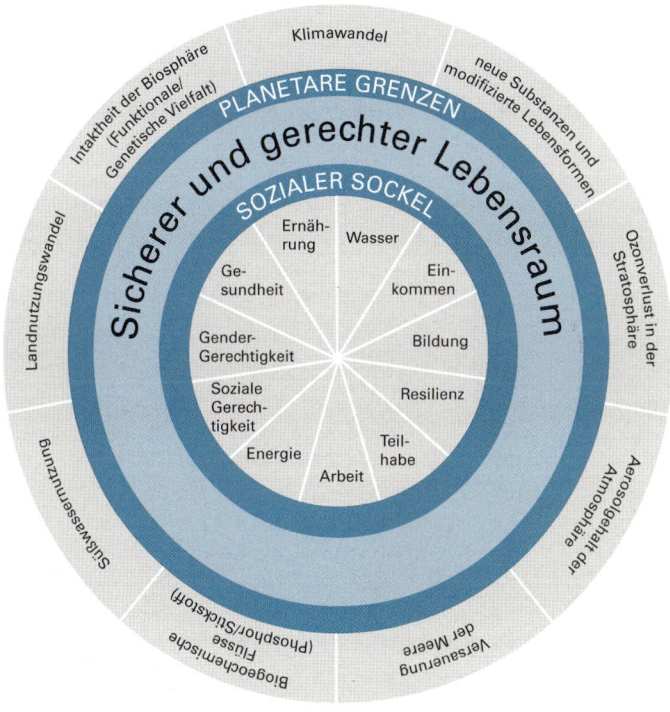

Quelle: Nach Leach, Raworth & Rockström 2013, Steffen et al. 2015

Ein zentraler Ausdruck in der Idee der Nachhaltigkeit, wie sie als Vision für die Entwicklung der Gesellschaft von der Brundtland-Kommission formuliert worden ist, ist die Befriedigung von Bedürfnissen. Die
Befriedigung von Bedürfnissen ist verbunden mit der Forderung, *allen*
Menschen *heute und in Zukunft* ein gutes Leben zu ermöglichen. Wo-

rin aber soll sich das *gute Leben* festmachen? Wenn Nachhaltigkeit erreichbar sein soll, kann der Maßstab nicht sein, dass jeder und jede Einzelne seine und ihre subjektiven Wünsche nach Belieben erfüllen kann. Kriterien zur Beurteilung von Nachhaltigkeit im Konsum bedürfen folglich eines Ansatzes, der unabhängig von subjektiv empfundenen Wünschen solche Elemente des guten Lebens benennt, die universell Geltung haben (man spricht in diesem Zusammenhang von objektiven Theorien des guten Lebens und von objektiven Bedürfnissen) (siehe im Folgenden Di Giulio et al. 2011 sowie Blättel-Mink et al. 2013). Ein solcher Ansatz ist der von Sen und Nussbaum (1993) entwickelte Fähigkeiten-Ansatz (*capability-approach*). Mit einem solchen Ansatz ist nicht beabsichtigt, Menschen vorzuschreiben, was ein gutes Leben konkret ist und wie sie es zu leben haben. Ziel ist es vielmehr, die Möglichkeiten zu beschreiben, die alle Menschen haben sollen, um ihre Vorstellung eines guten Lebens zu verwirklichen (unabhängig davon, ob sie dies auch tun). Aus dieser ethischen Perspektive lassen sich daher *objektive Bedürfnisse* und *subjektive Wünsche* unterscheiden. Objektive Bedürfnisse sind solche, die befriedigt werden müssen, damit Menschen die Möglichkeit haben, bestimmte Fähigkeiten entwickeln und entfalten zu können, die für ein gehaltvolles Leben unbedingt notwendig sind. Subjektive Wünsche hingegen sind all jene Bedürfnisse, für die nicht gilt, dass ihre Befriedigung zur Entfaltung dieser Fähigkeiten gewährleistet sein muss (Di Giulio et al. 2011). Aus ethischer Perspektive der Nachhaltigkeit ist heutigen und zukünftigen Generationen daher allein die Befriedigung ihrer objektiven Bedürfnisse zu gewährleisten, wofür entsprechende Rahmenbedingungen zu schaffen bzw. zu erhalten sind:

„Für die Bestimmung nachhaltiger Konsumhandlungen lässt sich damit festhalten: Maßgebliches Ziel nachhaltiger Entwicklung ist es, Menschen in Gegenwart und Zukunft zu ermöglichen, ihre objektiven Bedürfnisse zu befriedigen, um so universale menschliche Eigenschaften und Fähigkeiten zu entfalten (z.B. die Fähigkeiten zur sozialen Interaktion, zur Gesundheit oder zur Ortsveränderung [...]). Ausschlaggebend für die Beurteilung der Nachhaltigkeit individueller Konsumhandlungen ist damit, inwiefern der Umgang von Individuen mit Konsumgütern dazu beiträgt, die dafür notwendigen externen Bedingungen zu schaffen bzw. zu erhalten" (Fischer et al. 2011, 78f.).

Diese allgemeine Bestimmung braucht freilich weitere Konkretisierungen, um handlungswirksam werden zu können. Gleichwohl verdeutlicht die Bestimmung nochmals wesentliche Ansprüche, die mit der Idee der Nachhaltigkeit als Bewertungsmaßstab für unser Konsumhandeln verbunden sind. *Erstens* ist mit der Idee der Nachhaltigkeit ein normativer Werterahmen verbunden, der sich durch die Trias aus „Menschenwürde, Bewahrung der natürlichen Lebensgrundlagen und Gerechtigkeit hinsichtlich der Lebenschancen für heute und zukünftig lebende Generationen" (Stoltenberg 2010, S. 13) beschreiben lässt. *Zweitens* geht es bei der Beurteilung von Konsumhandlungen im Kontext der Nachhaltigkeit nicht darum, ihre Schädlichkeit zu betrachten, sondern ihren Beitrag zur Erreichung eines positiven und wünschenswerten Zustands. Dieser Zustand besteht eben darin, dass Bedingungen zur Befriedigung objektiver Bedürfnisse für alle Menschen heute und in Zukunft gewährleistet sind. *Drittens* ist damit eine Abkehr von einer Verengung der Diskussion um nachhaltigen Konsum auf moralische Appelle an das private Verbraucherhandeln verbunden. Die Bestimmung dessen, was gesellschaftlich als Bedingungen eines guten Lebens zu verstehen und daher auch zu gewährleisten ist, rückt vielmehr als diskursives und politisches Projekt in den Mittelpunkt – es geht daher zuvorderst darum, diese Ansprüche auszuhandeln (Blättel-Mink et al. 2013).

3.2 Nachhaltiger Konsum: eine Frage der Absicht, der Wirkung, oder beidem?

Wir halten aus dem Zuvorgesagten fest: entscheidend ist, dass unser Konsumhandeln dazu beiträgt, dass Menschen heute und in Zukunft die Möglichkeit haben, ein gehaltvolles Leben zu führen. Nun stellt sich die Frage, wie wir überhaupt beurteilen können, ob unser Konsumhandeln in diesem Sinne nachhaltig ist oder nicht.

Für die Beurteilung der Nachhaltigkeit einzelner Konsumhandlungen lassen sich zwei grundsätzliche Herangehensweisen unterscheiden: Zum einen lassen sich die Absichten bewerten, mit denen Menschen konsumieren, zum anderen die Wirkungen, die daraus erwachsen. Je nachdem, was Objekt der Beurteilung ist (Absichten oder Wirkungen), kann die Beurteilung der Nachhaltigkeit von Konsumhandlungen unterschiedlich ausfallen. So mögen Konsumhandlungen nachhaltige Absichten zugrunde liegen, die aber dennoch nicht-nachhaltige Wirkungen haben. Repräsentative Studien in der deutschen Bevölkerung zeigen deutlich, dass Milieus der Oberschicht und oberen Mittelschicht zwar überdurchschnittlich umweltbewusst sind, zugleich aber auch den größten Ressourcenverbrauch verursachen (Borgstedt et al. 2010, Kleinhückelkotten et al. 2016). Auf der anderen Seite können Konsumhandlungen auch ohne irgendeine Nachhaltigkeitsabsicht erfolgen, die in ihren Wirkungen aber als nachhaltig zu beurteilen sind – man denke etwa an Senioren und Seniorinnen ohne eigenen PKW, die auf dem Wochenmarkt einkaufen, streng haushalten und bevorzugt regional urlauben, ohne damit jedoch einen Beitrag zur Nachhaltigkeit leisten zu wollen. Demgemäß ließe sich die Nachhaltigkeit von Konsumhandlungen in absichts- und wirkungsbezogener Perspektive in einem zweidimensionalen Raum verorten (Abb. 2).

ABB. 2:

UNTERSCHEIDUNGEN VON ABSICHTS- UND WIRKUNGSBEZOGENER BEURTEILUNG DER NACHHALTIGKEIT VON KONSUMHANDLUNGEN

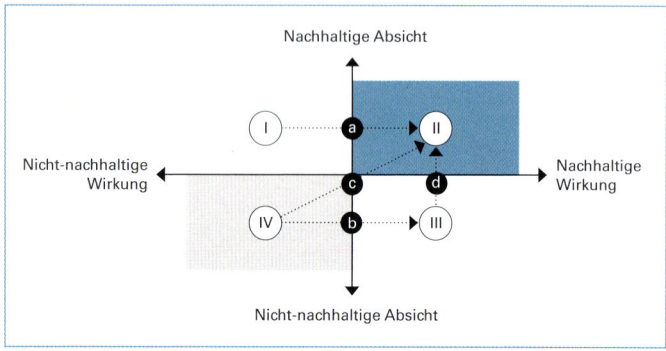

Quelle: Eigene Darstellung

In einer engen Lesart sind Konsumhandlungen nur dann als nachhaltig zu bezeichnen, „wenn sie sich (absichtsbezogen) auf die Ziele nachhaltiger Entwicklung ausrichten und (wirkungsbezogen) zu ihrer Erreichung beitragen, wenn sie also in absichtsbezogener und wirkungsbezogener Hinsicht als nachhaltig zu beurteilen sind" (Fischer et al. 2011, S. 82). Gleichwohl ist eine Beurteilung als *nachhaltig* in einer weiten Lesart auch dann möglich, wenn sich diese nur auf Absichten (Quadrant I) oder nur auf Wirkungen (Quadrant III) bezieht.

In gesamtgesellschaftlicher Perspektive ist es vor allem von Bedeutung, Konsumhandlungen so steuern zu können, dass ihre Wirkungen tatsächlich dazu beitragen, Rahmenbedingungen zu gewährleisten, die allen Menschen die Befriedigung ihrer objektiven Bedürfnisse ermöglichen. Die Förderung von Absichten hingegen ist bedeutsam, um Akzeptanz für eine gesellschaftliche Entwicklung in Richtung Nachhaltigkeit zu schaffen. Zudem sind Konzepte nachhaltiger Entwicklung im Verständnis der Vereinten Nationen partizipativ ausgelegt. Menschen sind also nicht lediglich Steuerungsobjekte, sondern zur Selbst- und Mitbestimmung fähige Akteure. Sie sollten sich als solche auch bewusst mit Fragen der Nachhaltigkeit im Konsum auseinandersetzen.

3.3
Zum
Verständnis
nachhaltigen
Konsums

Für das Verständnis nachhaltigen Konsums lässt sich vor dem Hintergrund der bisherigen Ausführungen damit festhalten: Maßgebliches Ziel nachhaltiger Entwicklung ist es, Menschen in Gegenwart und Zukunft zu ermöglichen, ihre objektiven Bedürfnisse zu befriedigen, um so universale menschliche Eigenschaften und Fähigkeiten zu entfalten (z.B. die Fähigkeiten zur sozialen Interaktion, zur Gesundheit oder zur Ortsveränderung [...]), die es Menschen ermöglichen, ihre Vorstellungen eines guten Lebens zu realisieren. Ausschlaggebend für die Beurteilung der Nachhaltigkeit individueller Konsumhandlungen ist damit, inwiefern der Umgang von Individuen mit Konsumgütern dazu beiträgt, die dafür notwendigen externen Bedingungen zu schaffen bzw. zu erhalten (Fischer et al. 2011, S. 78f.). Inwiefern einzelne Konsumhandlungen dazu beitragen und daher als nachhaltig gelten dürfen, lässt sich zum einen anhand der Absichten, die Konsumhandlungen zugrunde liegen, und zum anderen anhand der Wirkungen, die aus ihnen erwachsen, beurteilen.

Wie lässt sich nachhaltiger Konsum fördern?

4

1. STRATEGIEN
2. POLITISCHE STEUERUNG: WESHALB, WIE UND MIT WELCHEM ZIEL ANSETZEN?
3. EXKURS: KONSUMENTENSOUVERÄNITÄT VERSUS NACHHALTIGER KONSUM

Ausgehend von der Beschreibung der problematischen Folgen, die gegenwärtige Konsummuster auf Mensch und Umwelt haben, und der Bestimmung dessen, was einen nachhaltigen Konsum ausmacht, stellt sich die Frage, mit welchen Strategien sich gegenwärtige Konsummuster in Richtung eines nachhaltigen Konsums verändern lassen. Daran anschließend wird die Frage sondiert, welche Rolle die Politik in der Förderung nachhaltigen Konsums einnimmt und welche verschiedenen Mittel ihr dabei zur Verfügung stehen.

4.1 Strategien

Es lassen sich – vereinfacht dargestellt – Strategien unterscheiden, die vorrangig die Produktion von Konsumgütern fokussieren und die den Hebel beim Konsumverhalten ansetzen. Beide Ansatzpunkte sollen im Folgenden kurz beleuchtet werden.

ANSATZPUNKT KONSUMGÜTER

In der Suche nach Lösungen, wie sich das hohe Niveau der Ressourcennutzung verringern ließe und schädliche Umweltfolgen reduziert werden könnten, spielen Konzepte zur ökologischen Modernisierung von Produktionsabläufen eine prominente Rolle. Den verschiedenen Ansätzen geht es vorrangig darum, durch technische Innovationen und die Re-Organisation von Prozessabfolgen Effizienzgewinne zu erzielen (*green economy*) (Lorek & Spangenberg 2014). **Effizienzstrategien** setzen somit am Ressourcenverbrauch von Gütern und Dienstleistungen und den durch sie entstehenden Belastungen an und versuchen diese durch verbesserte Technik zu minimieren (z.B. brennstoffarme Motoren). Verschiedenen Ansätzen zufolge sind Effizienzsteigerungen um den Faktor 4 bis 10 möglich (Weizsäcker, Lovins & Lovins 1997, Weizsäcker et al. 2009, Schmidt-Bleek 2000).

Ein weiterer Ansatzpunkt ist es, Ressourcen nicht nur effizienter zu nutzen, sondern sie auch länger im Kreislauf zu halten (circular economy) oder wo möglich durch andere, regenerierbare Ressourcen zu ersetzen. Entsprechend trachten Konsistenzstrategien danach, Stoff- und Energieströme naturverträglicher zu machen (z.B. durch Einsatz nachwachsender Rohstoffe), indem etwa Produkte so gestaltet werden, dass sie vollständig weiterverwertet oder nach Gebrauch wieder rückstandslos der Natur zugeführt werden können (Huber 1998). Ein Beispiel für ein Konzept, das darauf abzielt, Ressourcen sogar in einem potentiell unendlichen Kreislauf zu halten, ist Cradle-to-Cradle (Braungart & McDonough 2003 & 2008).

Schließlich wird unter dem Stichwort der **Permanenzstrategie** auch darüber diskutiert, wie sich die Lebensspanne von Produkten verbessern lässt, insbesondere durch technologische Veränderungen – etwa durch langlebigere, reparable Qualitätsprodukte und die Vermeidung des von Produktionsseite beabsichtigten vorzeitigen Verschleißes (geplante Obsoleszenz) (Guiltinan 2009).

ANSATZPUNKT KONSUMVERHALTEN

Suffizienzstrategien zielen in einem pragmatischen Verständnis zunächst einmal darauf ab, Veränderungen in den problematischen Konsummustern zu befördern, die zu einem „Minderverbrauch von Ressourcen" (Linz 2002, S. 13) führen. Prominente Beispiele für entsprechende Änderungen im Konsumverhalten sind, Konsumgüter zu nutzen durch Teilen und Tauschen anstatt sie zu besitzen durch Kauf (Leismann et al. 2012). Hierfür haben sich in der Diskussion auch die Begriffe der *sharing economy* oder des *kollaborativen Konsums* etabliert. Ebenfalls auf veränderte Nutzungsmuster ausgerichtet ist die Repair-Cafe-Bewegung (Grewe 2015), die auf die Verlängerung der Nutzungsdauer von Konsumgütern durch Reparatur, Wartung und Instandsetzung ausgerichtet ist und damit gewissermaßen die Konsumentenseite der zuvor beschriebenen Permanenzstrategie beleuchtet.

Über faktische Verhaltensänderungen hinaus werden unter dem Begriff der Suffizienz aber auch grundlegendere Veränderungen von Werten gefasst, die ein neues, de-materialisiertes Verständnis von Wohlstand einschließen (Linz et al. 2002). Zentral hierbei ist, dass es sich dabei um eine *„innengesteuerte, freiwillige Veränderung"* (Stengel 2011, S. 129) handelt, die zu einem erweiterten Nutzen führt. Ausdrücke dessen sind beispielsweise Lebensstile, die sich durch freiwillige Selbstbeschränkung und Genügsamkeit (im Englischen spricht man auch von LOVOS: *Lifestyles of Voluntary Simplicity*) oder eine starke Ausrichtung auf Selbstversorgung auszeichnen und darin einen Zugewinn an Lebensqualität empfinden.

NICHT ENTWEDER/ODER, SONDERN SOWOHL/ALS AUCH

Welche Strategie das größte Veränderungspotential aufweist und damit bevorzugt umgesetzt werden sollte, ist eine noch immer kontrovers diskutierte Frage. Dabei scheint es wenig aussichtsreich, ausschließlich auf eine Strategie zu setzen. Es wird inzwischen weithin die Ansicht geteilt, dass es einer Kombination *aller* genannten Strategien für nachhaltige Entwicklung bedarf, die „so unverzichtbar, wie sie unersetzbar sind" (Wuppertal Institut 2005, S. 167). Zudem sind sie nicht unabhängig voneinander implementierbar, sondern greifen ineinander. Dies lässt sich auch an der künstlichen und vereinfachenden Trennung von konsumgüter- und konsumverhaltensfokussierten Ansatzpunkten aufzeigen: so setzen auch konsumgüterbezogene Strategien auf Verhaltensänderung – „sei es das Voll-Befüllen der Waschmaschine, das den Energieinput pro Kilo Wäsche reduzieren soll, oder die Mülltrennung, die Abfälle in eine Kreislaufwirtschaft einbringen soll" (Fischer & Grießhammer 2013, S. 10). Zugleich ist es eine Bedingung der Möglichkeit von Verhaltensänderungen, dass effizientere und konsistentere Konsumgüter als Alternativen existieren – wenn nicht der vollständige Verzicht alleinige Suffizienz-Option sein soll (etwa ein energiesparsameres Haushaltsgerät oder ein Elektroauto).

Eine gemeinsame Herausforderung aller Strategien besteht in der Frage, wofür Einsparungen (z.B. durch Effizienzgewinne oder Konsumverzicht) verwendet werden. Eine Reihe aktueller Studien zeigen, dass sich trotz entsprechender Gewinne (z.B. weniger Stromverbrauch, mehr Geld) insgesamt kaum oder keine ökologischen Entlastungseffekte einstellen (Binswanger 2001, Hertwich 2005). Eine der Hauptursachen dafür ist, dass das Gesparte an anderer Stelle eingesetzt wird und auf diese Weise unter dem Strich sogar zu Mehrverbräuchen führt (Bummerang- oder Rebound-Effekt).

4.2
Politische
Steuerung:
weshalb,
wie und mit
welchem Ziel
ansetzen?

Wie im vorherigen Kapitel aufgezeigt, ist nachhaltiger Konsum inzwischen zu einem Thema geworden, dem politisch einige Aufmerksamkeit zukommt. Deutlich geworden ist auch, dass Konsumhandeln fast alle Bereich des menschlichen Alltags durchdringt. Die Frage, *inwieweit*, *auf welche Weise* und *mit welchen Zielsetzungen* die Politik überhaupt Einfluss auf das Konsumhandeln der Menschen nehmen sollte, ist Gegenstand andauernder, kontroverser Diskussionen. Die folgenden Ausführungen greifen verschiedene Aspekte der Kontroverse auf.

WESHALB FÖRDERN?

Darf Politik überhaupt in das private Konsumhandeln der Menschen eingreifen? Ein prominentes ökonomisches Leitbild in der Marktwirtschaft ist das der Konsumentensouveränität. Menschen werden als wohlinformierte und mündige Verbraucherinnen und Verbraucher aufgefasst, die am Markt frei Entscheidungen treffen und damit ihre Interessen verfolgen. Voraussetzungen dafür sind weitmöglichste Markttransparenz und funktionierender Wettbewerb. Aufgabe der Politik ist es, dafür entsprechende Rahmenbedingungen zu schaffen. Darüber hinausgehende regulierende Eingriffe der Politik finden in einem solch marktliberalen Modell nur dort statt, wo Sicherheitsfragen der Verbraucherinnen und Verbraucher berührt sind (Verbraucherschutz) – etwa bei der Einführung neuer Medikamente (Bömmel 2003, Lamla 2008).

Unter dem Stichwort einer „modernen Verbraucherpolitik" (Müller 2001) werden verschiedene Erweiterungsbedarfe dieses klassischen Verständnisses von Verbraucherpolitik diskutiert. So wird argumentiert, dass das normative Leitbild des wohlinformierten souveränen Konsumierenden nicht der Realität entspräche. Vielmehr seien Konsumierende in mehrfacher Hinsicht im Treffen freier, gut informierter und ihren Interessen dienender Entscheidungen eingeschränkt – etwa mit Blick auf systematische Informationsdefizite, Fehleinschätzungen, informative Überforderung oder habitualisierte Gewohnheitshandlungen (Heidbrink & Reidel 2011). Daher komme dem Staat die Aufgabe zu, das Verbraucherwohl auch stellvertretend und nicht nur im Falle individueller Verletzungen zu fördern (Lamla 2008). Zudem wird mit Verweis auf die Idee der Nachhaltigkeit gefordert, einen Umbruch vom individualisierten zum verantwortungsvollen Konsum zu vollziehen und statt des individuellen das kollektive Interesse in den Mittelpunkt verbraucherpolitischen Handelns zu stellen (Hansen & Schrader 1997, Belz & Bilharz 2005).

Konzeptionen einer an der Idee der Nachhaltigkeit ausgerichteten und entsprechend proaktiv gestaltenden Verbraucherpolitik sahen sich stets dem Vorwurf ausgesetzt, individuelle Freiheit einzuschränken und in Richtung einer Ökodiktatur zu wirken (Hinterberger, Luks & Stewen 1996, Pötter 2010). Grundsätzlich wird dem entgegen gehalten, dass mit der Idee der Nachhaltigkeit wie in Kapitel 3 dargestellt der Anspruch verbunden ist, solche Rahmenbedingungen zu gewährleisten, die es *allen* Menschen *heute* und *in Zukunft* ermöglichen, ihre objektiven Bedürfnisse zu befriedigen und ihre Vorstellung eines guten Lebens zu realisieren. Ziel ist somit geradezu nicht die Abschaffung individueller Freiheit, sondern deren Gewährleistung. Somit ließe sich politische Steuerung in Richtung nachhaltigen Konsums nicht nur als legitim, sondern auch als notwendig auffassen (siehe hierzu Blättel-Mink et al. 2013). Darüber hinaus ist die Frage politischer Steuerung ohnehin weniger eine Frage des *ob*, als vielmehr eine Frage des *wie und wozu*. Darauf weist der Wirtschaftswissenschaftler Tim Jackson hin, der u.a. im Vereinigten Königreich intensiv die Regierung zur politischen Förderung nachhaltigen Konsums beraten hat. Für ihn ist die Politik keine „unschuldige Unbeteiligte" (Übersetzung des Autors), sondern eine ständige Beeinflusserin des Marktgeschehens. Einfluss nimmt sie dabei sowohl in Form konkreter Interventionen (z.B. neue Gesetze), als auch durch die Entscheidung, bestimmte Maßnahmen und Instrumente eben *nicht* zu ergreifen. In letzterem Fall ließe sich von einer Form der *Steuerung durch Unterlassung* sprechen (Jackson 2005).

<table>
<tr><td>

**4.3
Exkurs:
Konsumenten-
souveränität
versus
nachhaltiger
Konsum**

</td><td>

Das Paradigma der Konsumentensouveränität ist heute sowohl in den Wirtschaftswissenschaften als auch in der Politik im Prinzip noch stark verankert (vgl. hierzu auch die Ausführungen zu der Logik des ökonomischen Denkens auf S. 6). Daher erscheint es sinnvoll, sich der Grundidee und der Begründung der Konsumentensouveränität noch etwas ausführlicher zuzuwenden, als dies weiter oben schon erfolgte. Die Idee der Konsumentensouveränität wird auch heute noch auf den schottischen Nationalökonomen Adam Smith zurückgeführt. Er gilt als Begründer der neueren Volkswirtschaftslehre. Konsum war für ihn der eigentliche Zweck aller Produktion. In seinem 1776 erschienenen Hauptwerk stellt er hierzu fest:

„Konsumtion ist der einzige Zweck aller Produktion; und das Interesse des Produzenten sollte nur insoweit berücksichtigt werden, als es zur Förderung des Konsumenteninteresses nötig ist" (Smith, A. u.a.,1981, S. 660).

</td></tr>
</table>

Der englische Ökonom Hutt hat als erster den Begriff „consumer souvereignity" geprägt, der bis heute in der Mikroökonomie stark verwurzelt ist. Entsprechend dem Verständnis der Konsumentensouveränität sollen die Konsumierenden im Rahmen gegebener Konsummöglichkeiten ihre Pläne durchsetzen können. Konsumentensouveränität basiert somit auf dem methodischen Individualismus bzw. dem Individualprinzip (v. Hauff 2014, S. 20ff).

Für die mikroökonomische Theorie ist die Annahme stabiler und konsistenter individueller Präferenzen, d.h. kohärenter Präferenzsysteme für die Stabilität einer Wirtschaft von großer Bedeutung. Wahlfreiheit und Selbstbestimmung werden aus normativen Gründen als hohe Güter angesehen: „Die wirklichen Interessen jedes real existierenden Menschen sollen bestimmen, was vorzugswürdig ist – und nicht die Vorstellungen irgendwelcher Ideologen oder Utopisten über das gute Leben" (Sturn 2013, S. 16). Hier wird bereits das Dilemma zu nachhaltigem Konsum deutlich, das Lerch klar erkennt. Er unterscheidet zwischen individuellen Konsumentscheidungen, die nur das Individuum betreffen, und Konsumentscheidungen, die auch die Gesellschaft betreffen können, zum Beispiel durch Umweltbelastungen. Nach Lerch ist es bei konsumbedingten Umweltbelastungen, die in der Regel die Gemeinschaft betreffen, gerechtfertigt, die Konsumentensouveränität einzuschränken: „Die Wirksamkeit individueller Präferenzen ist überall dort zu begrenzen, wo die Rechte jeweils anderer (auch künftiger) Individuen berührt sind" (Lerch 2010, S. 184).

Das Dilemma besteht also darin, dass Menschen einerseits das Recht auf Wahlfreiheit und Selbstbestimmung haben sollen, andererseits aber aus den genannten Gründen Grenzen der Konsumentensouveränität notwendig werden. In diesem Zusammenhang ist auch festzustellen, dass es in der Regel keine konsistenten Verhaltensmuster gibt. Sturn stellt auf der Grundlage von Erkenntnissen der experimentellen Ökonomie fest: „Menschen orientieren sich zu stark an den Gegebenheiten des Status quo. Sie sind oft bequem, konfus und willensschwach oder folgen allerlei Impulsen" (Sturn 2013, S. 10).

Diese Erkenntnisse beantworten natürlich noch nicht die Frage, unter welchen Bedingungen der Staat berechtigt ist, in die Konsumentensouveränität einzugreifen. Oder: wann kommt es gegebenenfalls zu nicht mehr begründbaren Einschränkungen der Persönlichkeitsrechte bzw. sogar zur Entmündigung des einzelnen Menschen. Man kann diese Frage aber auch umdrehen: unter welchen Voraussetzungen tragen die Einschränkungen der Konsumentensouveränität zu einer Stärkung der Fähigkeiten bzw. Freiheit von Menschen bei. Danach bedarf es geeigneter Entlastungs- und Befähigungsaktivitäten, die in einer komplexen und sich dynamisch entwickelnden Gesellschaft in einem ausgewogenen Verhältnis stehen müssen. Diese Diskussion wird teilweise auch in dem Zusammenhang von „sanftem Paternalismus" geführt, der sich aus der Existenz von Verhaltensanomalien begründet, ohne dass damit die Entscheidungsmöglichkeiten von Betroffenen zum Beispiel durch rechtliche Gebote bzw. Verbote ausgeschaltet werden (v. Hauff 2015, S. 30; siehe hierzu auch die später folgende Diskussion zum aktuellen Beispiel Nudging). Daraus leitet sich die spannende Frage ab, wie nachhaltiger Konsum gefördert werden kann.

WIE FÖRDERN?

Wie nun lässt sich nachhaltiger Konsum politisch fördern? Verschiedene Maßnahmen lassen sich je nach Kontext gruppieren. So wird u.a. unterschieden zwischen „harten" instrumentellen Maßnahmen (z.B. Vermarktlichung, Regulierung; Dalal-Clayton & Bass 2007, Jerneck et al. 2011) und eher „weichen" kommunikativen Maßnahmen, die darauf abzielen, soziale Normen zu verändern und Bereitschaften zu fördern, neue Einstellungen und Verhaltensmuster anzunehmen (Jackson & Michaelis 2003). Kaufmann-Hayoz et al. (2011) unterscheiden zwischen vier Typen von Steuerungsinstrumenten: ordnungsrechtliche (z.B. regulative Ge- und Verbote), kooperative (z.B. freiwillige Vereinbarungen bzw. Selbstverpflichtungen), ökonomische (z.B. Abgaben und Gebühren, Subventionen) und kommunikative Instrumente (z.B. Labels, Informationskampagnen). Auch Bildung wird zumeist den weichen kommunikativen Maßnahmen zugerechnet (Tab. 2).

TAB. 2:
SYSTEMATIK VERSCHIEDENER POLITISCHER STEUERUNGSANSÄTZE FÜR NACHHALTIGEN KONSUM

Ordnungsrechtliche Instrumente	Kooperative Instrumente	Ökonomische Instrumente	Kommunikations-Instrumente
Umwelt-Qualitäts-Standards	Vereinbarungen zwischen Staat und Wirtschaft	Subventionen	Etiketten und Labels
Emissionsbegrenzungen	Zertifizierung und Labels	Punktuelle Anreize	Beratungsangebote
Bewilligungspflichten		Gebühren und verwandte Abgaben	Kampagnen
Haftungsrechtliche Vorschriften		Pfandsysteme Einrichtung von Märkten	Bildungsangebote

Quelle: Gemäß Kaufmann-Hayoz et al. 2011

Betrachtet man die ökonomischen Instrumente, so fällt auf, dass sie teilweise noch ein relativ großes Potenzial hinsichtlich ihres Einsatzes aufweisen. Nach einer Studie des Umweltbundesamtes entsprechen beispielsweise 50 Prozent der Subventionen nicht den Anforderungen nachhaltiger Entwicklung (Umweltbundesamt 2010). Insofern wäre es angebracht, Subventionen vor ihrer Gewährung daraufhin zu prüfen, ob sie den Anforderungen an eine nachhaltige Entwicklung entsprechen. Weiterhin gibt es auch heute noch viele Gebrauchsgüter, für die es keine oder keine optimalen Möglichkeiten des Recyclings gibt. Hier wäre zu überlegen, ob der Staat bei der Einführung neuer Gebrauchsgüter eine adäquate Recyclingmethode mit einfordern sollte.

Eine umweltgerechte Produktgestaltung (Ökodesign) ist ebenfalls ein Beitrag zu einem nachhaltigen Konsum, wobei es auch hier noch ein relativ großes Potenzial der Umsetzung gibt. Die Herstellung von Produkten für den Konsum nach der Methode „Cradle to Cradle" basiert darauf, dass ausrangierte Produkte in nützliche neue Produkte umgewandelt werden. Beispiele hierfür sind Kleidung, die kompostierbar ist bzw. zu Nahrung für Pflanzen und Tiere wird, oder alte Teppichböden, die so recycelt werden, dass aus dem recycelten Material wieder neue Teppichböden hergestellt werden können (siehe Stichwort „Konsistenzstrategie" im Abschnitt zum Ansatzpunkt Konsumgüter). Schließlich ist noch festzustellen, dass sich die öffentliche Beschaffung von Gebrauchs- bzw. Verbrauchsgütern zunehmend an Nachhaltigkeitskriterien orientiert (z.B. Fair Trade Produkte). Doch auch hier gibt es noch relativ große Potenziale, die genutzt werden sollten.

MIT WELCHEM ZIEL FÖRDERN?

Welche Ziele sollen mit politischer Steuerung verfolgt werden? Zwei Beispiele sollen mögliche Antworten auf diese Frage verdeutlichen.

Als erstes Beispiel lässt sich die in Kap. 3 gemachte Unterscheidung zwischen absichts- und wirkungsbezogener Beurteilung von Konsumhandlungen aufgreifen, um vorhandene politische Steuerungsinstrumente unter der Fragestellung zu beleuchten, zu welchen Veränderungen sie am stärksten beizutragen vermögen: entweder die Wirkungen von Konsumhandlungen zu verändern (a und b in Abb. 2) oder die Konsumhandlungen zugrunde liegenden *Absichten* zu verändern (d in Abb. 2) oder sowohl *Absichten* als auch *Wirkungen* zu verändern (c in Abb. 2). Um bei Menschen, die keine nachhaltigen Konsumabsichten haben, die Wirkungen des Konsumhandelns nachhaltiger zu gestalten, können sich z.B. ökonomische Instrumente wie die Schaffung preislicher Anreize für nachhaltiges Konsumhandeln eignen (Pfeil b in Abb. 2). Sind entsprechende nachhaltige Absichten bereits ausgeprägt, könnten kommunikative Instrumente eingesetzt werden, um z.b. das Wissen über die Folgen einzelner Konsumhandlungen zu stärken (Pfeil a in Abb. 2).

Das zweite Beispiel stammt aus dem SCORE!-Netzwerk (ein englischsprachiges Akronym, das für *Sustainable Consumption Research Exchange* steht), einem Zusammenschluss von mehreren hundert Forschenden im Bereich nachhaltigen Konsums v.a. aus Europa. Das Netzwerk schlägt vor, zwischen verschiedenen Problemkonstellationen zu unterscheiden, die jeweils verschiedener Ansätze bedürfen. So gebe es für bestimmte Probleme nachhaltigen Konsums einen breiten Konsens über Ziele und Richtung für eine Lösung sowie auch über angemessene Maßnahmen, wie z.b. die Abschaffung umweltschädlicher Subventionen. Für diese Art von Problemen schlagen die Wissenschaftler und Wissenschaftlerinnen vor, den Hebel konsequent an technischen Veränderungen und Anreizstrukturen anzusetzen (Tukker, Emmert et al. 2008, Tukker, Charter et al. 2008). Für andere Problemtypen vermuten sie eine Übereinkunft eher in Bezug auf übergeordnete Ziele und Richtungen als auf konkrete Maßnahmen. Hier schlagen die Autoren und Autorinnen vor, stärker auf den Aufbau von Kapazitäten und Kompetenzen (Capacity Building) und Ermächtigungs-Strategien (Empowerment) zu setzen. Schließlich sei es für Problemtypen mit kontroversen Zielen und unklaren Mittel-Zweck-Beziehungen empfehlenswert, verstärkt auf deliberative Strategien zu setzen, um auch radikaleren transformativen Veränderungen den Weg zu ebnen (ebd.).

AKTUELLES BEISPIEL NUDGING

Ein aktuelles Beispiel, in dem sich die aufgeworfenen Fragen wie in einem Brennglas verdichten und sich die übergreifende Kontroverse um die politische Steuerung nachhaltigen Konsums im Kleinen abbildet, ist das Thema Nudging. Das Konzept des Nudging erfährt seit einigen Jahren starke Aufmerksamkeit in der Politik, der Wissenschaft und der öffentlichen Diskussion. Ausgangspunkt ist die Feststellung, dass Menschen sich in Entscheidungssituationen keineswegs so rational verhalten, wie es das Leitbild des mündigen, wohlinformierten Verbrauchers annimmt. Dem wird als Gegenentwurf „das eher realistische Bild eines überlasteten, zeitknappen, weniger kompetenten, bedingt interessierten, nicht immer disziplinierten Verbrauchers" (Micklitz et al. 2010, S. 1) gegenübergestellt. Hier setzt Nudging an. Nudges (deutsch: Stupser) werden verstanden als

„Merkmale der sogenannten Entscheidungsarchitektur (d. h. des Kontexts, in dem jemand Entscheidungen trifft), die das Entscheidungsverhalten der Verbraucher auf systematische Weise beeinflussen,

ohne ihnen Entscheidungsalternativen vorzuenthalten oder diese zu verbieten, ohne ihre wirtschaftlichen Anreize nachhaltig zu verändern (z. B. durch Besteuerung) und ohne wesentliche Kosten der Implementierung zu verursachen" (Kenning, Reisch & Wertenbroch 2016, S. 46).

Beispiele für Nudging-Maßnahmen in einem Restaurant wären die Verkleinerung der Tellergrößen oder die Aufforderung an die Gäste, mehrere kleinere statt wenige große Portionen vom Buffet zu holen, um Lebensmittelabfälle zu reduzieren (Kallbekken & Sælen 2013). Inzwischen liegt eine ganze Reihe von Vorschlägen von verschiedenen Nudging-Maßnahmen vor (Thaler & Sunstein 2011, Reisch & Sandrini 2015). Das Spektrum reicht dabei von veränderter und vereinfachter Informationsdarbietung (z.B. Rückmeldung über Kontostand bei Gebrauch der Kreditkarte), Veränderungen an der physischen Umwelt (siehe das zuvorgenannte Beispiel der Tellergröße), über Veränderungen der voreingestellten Wahl (z.B. doppelseitiger Ausdruck am Drucker als Voreinstellung) und dem Gebrauch sozialer Normen (z.B. Hinweis, dass die Mehrheit der Gäste im Hotel die Handtücher wiederwendet) (Lehner, Mont & Heiskanen 2016).

Die Regierungsadministrationen in den USA und in Großbritannien verfügen bereits seit einigen Jahren über Stäbe, die zur Anwendung von Nudging in politischen Maßnahmen arbeiten. Seit 2015 gibt es auch im Bundeskanzlerinamt ein Referat bzw. Politiklabor mit dem Titel *Wirksam regieren*, das eine Evidenzbasierung von politischen Maßnahmen zum Ziel hat und dabei u.a. auch auf Erkenntnisse zum Nudging zurückgreift (Deutscher Bundestag 2015). Die Einrichtung der Arbeitsgruppe hat medial großes Aufsehen erregt und eine kontroverse Debatte darüber entfacht, inwiefern es sich beim Nudging um unlautere „Verführung und unbemerktes Einwirken auf die Psyche" (Di Fabio 2015, S. 38) oder um eine legitime Form politischer Einflussnahme handelt, mit denen eine bestimmte Lenkungs- und Steuerungswirkung verbunden ist (z.B. die Schaffung finanzieller Anreize wie das Dosenpfand, um die Recyclingquote von Dosen zu erhöhen) (Bittner 2015). Wesentliche Anforderungen für den Einsatz von Nudges in der Politik sind somit, dass eine Verbesserung des Gemeinwohls erwirkt werden soll und dass Nudges behutsam und transparent verwendet werden.

Wie wird nachhaltiger Konsum aktuell politisch gefördert?

5

1. NACHHALTIGER KONSUM AUF EBENE DER VEREINTEN NATIONEN
2. NACHHALTIGER KONSUM AUF NATIONALER EBENE

Nachdem zuvor der wissenschaftliche Diskurs zur Bestimmung und Förderung nachhaltigen Konsums beleuchtet wurde, soll im Folgenden der Blick darauf gerichtet werden, mit welchen Zielen und Ansätzen sich aktuelle politische Initiativen im internationalen und nationalen Rahmen dem Thema annehmen.

5.1 Nachhaltiger Konsum auf Ebene der Vereinten Nationen

Aktuelle Ansätze zur politischen Förderung nachhaltigen Konsums auf Ebene der Vereinten Nationen lassen sich nicht getrennt von den allgemeinen politischen Bemühungen um eine Förderung nachhaltiger Entwicklung angemessen verstehen.

AGENDA 21: GEBURTSHELFERIN DER NACHHALTIGKEITSPOLITIK
Die Konferenz der Vereinten Nationen für Umwelt und Entwicklung (UNCED) in Rio de Janeiro 1992 gilt als ein entscheidender Meilenstein für die Diskussion um nachhaltige Entwicklung. Doch auch für das Thema des nachhaltigen Konsums im Besonderen war die Konferenz und das daraus hervorgegangene Aktionsprogramm Agenda 21 von grundlegender Bedeutung. Teil I der Agenda 21 beschäftigt sich mit der sozialen und wirtschaftlichen Dimension, das darin enthaltene Kapitel 4 trägt den Titel *Veränderung der Konsumgewohnheiten* (BMU 1992). Das Kapitel umfasst zwei Programmbereiche: Zum einen geht es darum, nicht nachhaltige Produktions- und Verbrauchsgewohnheiten zu erfassen, zum anderen sollen nationale Strategien entworfen werden, um ebendiese zu verändern. Wie der zweite Punkt in Deutschland umgesetzt wurde, wird im nächsten Abschnitt näher beleuchtet. Darüber hinaus wird explizit hervorgehoben, dass die Veränderung der Konsumgewohnheiten ein komplexer Prozess ist, der sich wie ein Querschnitt auch durch andere Fragestellungen nachhaltiger Entwicklung zieht. Nachhaltiger Konsum wird daher auch anderen Tei-

len der Agenda 21 zugesprochen, insbesondere im Zusammenhang mit der Energie-, Verkehrs- und Abfallpolitik, in Bezug auf Wirtschaftspolitik und Technologietransfer sowie vor dem Hintergrund von Bevölkerungsdynamiken (ebd.).

ZEHN-JAHRES-RAHMENPROGRAMM FÜR NACHHALTIGEN KONSUM UND PRODUKTION

Zehn Jahre nach der Rio-Konferenz wurde auf dem Weltgipfel in Johannesburg im Jahr 2002 ein weiterer Meilenstein gesetzt. Die in Rio getroffenen Vereinbarungen wurden bekräftigt und weiterentwickelt (Martens & Obenland 2016). Als ein wichtiger Schritt wurde die Entwicklung eines Zehn-Jahres-Rahmenprogramms beschlossen (*10-year framework of programmes on sustainable consumption and production patterns*, kurz: 10YFP), das nachhaltige Grundsätze bei Konsum und Produktion verankern soll (UNDESA 2002). Die Erarbeitung dieses Plans wird als Marrakesch-Prozess bezeichnet, da die internationale Startkonferenz 2003 in Marrakesch stattfand (Takase 2005). Das ausgearbeitete Rahmenprogramm (10YFP) wurde schließlich 2012 auf der Rio+20-Konferenz beschlossen (United Nations 2012a). Das 10YFP stellt die Grundlage für nationale wie internationale Aktivitäten dar, und zwar auf freiwilliger Basis (Martens & Obenland 2016). Zielsetzungen sind unter anderem, die Ressourceneffizienz zu steigern, Wirtschaftswachstum von Ressourcenverbrauch zu entkoppeln und Entwicklungsländern den Zugang zu technischen und finanziellen Hilfen, die die Implementation von nachhaltigen Konsum- und Produktionsmustern unterstützen, zu erleichtern. Derzeit gibt es sechs Programme, von denen sich fünf bereits in der Implementationsphase befinden (UNEP 2016a). Sie umfassen öffentliche Beschaffung, Konsumenteninformation, Tourismus, Bauen und Wohnen, Lebensstile und Bildung sowie Ernährungssysteme.

NACHHALTIGKEITSENTWICKLUNGSZIELE (SDGs)

Die Rio+20-Konferenz im Jahr 2012 bestätigte zum einen die grundsätzlichen Aussagen der Rio-Konferenz zwanzig Jahre zuvor, setzte aber auch neue Schwerpunkte, etwa in der Ausrichtung auf eine Green Economy. Das wohl wichtigste Ergebnis des Gipfels ist die Erarbeitung einer neuen Agenda mit einem Zeithorizont bis zum Jahr 2030. Diese neue Agenda löst zum einen die Millenniumsentwicklungsziele (*Millennium Development Goals*, kurz: MDGs) ab. Diese auf dem UN-Millenniumsgipfel 2000 festgelegten globalen Ziele waren in erster Linie auf Armutsbekämpfung und soziale Entwicklung und auf Länder des globalen Südens ausgerichtet. Als wesentliche Schwachstellen der MDGs wurden die nur randständige Berücksichtigung ökologischer und ökonomischer Aspekte in den acht Zielen angesehen sowie die Tatsache, dass sich die MDGs auf den Abbau von Unterentwicklung, nicht aber auf den Abbau von durch Überentwicklung bedingten Problemen richtete. Auf der Rio+20-Konferenz wurden umfassendere Ziele für eine nachhaltige Entwicklung formuliert, die alle Länder der Welt gleichermaßen betreffen sollten (United Nations 2012b). Diese Nachhaltigkeitsentwicklungsziele (*Sustainable Development Goals*, kurz: SDGs) sollten mit dem Ablauf des Zeithorizonts 2015 die MDGs ablösen. Daher entstand auch der Ausdruck einer Post-2015-Agenda. In den folgenden Jahren arbeitete man somit intensiv an der Ausgestaltung von Zielen und zugehörigen Zielvorgaben, die alle Dimensionen nachhaltiger Entwicklung in den Blick nehmen sollten.

Im September 2015 wurden schließlich die SDGs als Kernstück der Agenda 2030 für nachhaltige Entwicklung auf der UN-Klimakonferenz in Paris beschlossen (United Nations 2015b). Sie umfassen 17 Ziele (goals) und 169 Zielvorgaben (targets). Die Universalität der SDGs gegenüber den MDGs ist insbesondere auch relevant für die Förderung eines nachhaltigen Konsums. So richtet sich mit dem Ziel 12 ein eigenes SDG darauf, nachhaltige Konsum- und Produktionsmuster sicherzustellen. Acht Zielvorgaben werden gemacht, dazu drei weitere Vorschläge zur Umsetzung dieser Zielvorgaben (Tab. 3).

TAB. 3:

ZIELE UND ZIELVORGABEN DES SDG 12 (NACHHALTIGE KONSUM- UND PRODUKTIONSMUSTER SICHERSTELLEN)

12.1	Den Zehnjahres-Programmrahmen für nachhaltige Konsum- und Produktionsmuster umsetzen, wobei alle Länder, an der Spitze die entwickelten Länder, Maßnahmen ergreifen, unter Berücksichtigung des Entwicklungsstands und der Kapazitäten der Entwicklungsländer
12.2	Bis 2030 die nachhaltige Bewirtschaftung und effiziente Nutzung der natürlichen Ressourcen erreichen
12.3	Bis 2030 die weltweite Nahrungsmittelverschwendung pro Kopf auf Einzelhandels- und Verbraucherebene halbieren und die entlang der Produktions- und Lieferkette entstehenden Nahrungsmittelverluste einschließlich Nachernteverlusten verringern
12.4	Bis 2020 einen umweltverträglichen Umgang mit Chemikalien und allen Abfällen während ihres gesamten Lebenszyklus in Übereinstimmung mit den vereinbarten internationalen Rahmenregelungen erreichen und ihre Freisetzung in Luft, Wasser und Boden erheblich verringern, um ihre nachteiligen Auswirkungen auf die menschliche Gesundheit und die Umwelt auf ein Mindestmaß zu beschränken
12.5	Bis 2030 das Abfallaufkommen durch Vermeidung, Verminderung, Wiederverwertung und Wiederverwendung deutlich verringern

12.6	Die Unternehmen, insbesondere große und transnationale Unternehmen, dazu ermutigen, nachhaltige Verfahren einzuführen und in ihre Berichterstattung Nachhaltigkeitsinformationen aufzunehmen
12.7	In der öffentlichen Beschaffung nachhaltige Verfahren fördern, im Einklang mit den nationalen Politiken und Prioritäten
12.8	Bis 2030 sicherstellen, dass die Menschen überall über einschlägige Informationen und das Bewusstsein für nachhaltige Entwicklung und eine Lebensweise in Harmonie mit der Natur verfügen
12.a	Die Entwicklungsländer bei der Stärkung ihrer wissenschaftlichen und technologischen Kapazitäten im Hinblick auf den Übergang zu nachhaltigeren Konsum- und Produktionsmustern unterstützen
12.b	Instrumente zur Beobachtung der Auswirkungen eines nachhaltigen Tourismus, der Arbeitsplätze schafft und die lokale Kultur und lokale Produkte fördert, auf die nachhaltige Entwicklung entwickeln und anwenden
12.c	Die ineffiziente Subventionierung fossiler Brennstoffe, die zu verschwenderischem Verbrauch verleitet, durch Beseitigung von Marktverzerrungen entsprechend den nationalen Gegebenheiten rationalisieren, unter anderem durch eine Umstrukturierung der Besteuerung und die allmähliche Abschaffung dieser schädlichen Subventionen, um ihren Umweltauswirkungen Rechnung zu tragen, wobei die besonderen Bedürfnisse und Gegebenheiten der Entwicklungsländer in vollem Umfang berücksichtigt und die möglichen nachteiligen Auswirkungen auf ihre Entwicklung in einer die Armen und die betroffenen Gemeinwesen schützenden Weise so gering wie möglich gehalten werden

Quelle: Übersetzung gemäß United Nations 2015a

Betrachtet man das Ziel 12.3 exemplarisch, so wird deutlich, welche großen Probleme damit verbunden sind:

„Bis 2030 die weltweite Nahrungsmittelverschwendung pro Kopf auf Einzelhandels- und Verbraucherebene halbieren und die entlang der Produktions- und Lieferkette entstehenden Nahrungsmittelverluste einschließlich Nacherntevelusten verringern" (siehe Tabelle 3).

Durch einige Zahlen soll die Dimension der Problemstellung dieses Zieles verdeutlicht werden. Entsprechend der FAO werden jährlich 1,3 Milliarden Tonnen essbare Lebensmittel entsorgt. Dies bedeutet eine enorme Ressourcenverschwendung. Allein in Deutschland werden 18 Millionen Tonnen pro Jahr weggeworfen. Das entspricht etwa einem Drittel des aktuellen Nahrungsmittelverbrauchs von 54,5 Millionen Tonnen. Lebensmittel werden dabei bereits bei der Ernte, aber auch bei der Weiterverarbeitung, im Großhandel, im Restaurant oder auch in privaten Haushalten entsorgt. Geht man einmal davon aus, dass zehn Millionen Tonnen Lebensmittel weniger entsorgt würden, so könnte man die Anbaufläche um 2,6 Millionen Hektar verringern. Das entspricht 15 Prozent der gesamten Fläche, die für die Erzeugung der Agrarrohstoffe für unsere Ernährung benötigt werden.

Daher haben sich die EU und Deutschland das Ziel gesetzt, bis 2020 Lebensmittelabfälle zu halbieren.

Eine ähnliche Problemlage ergibt sich bei der Versorgung mit Medikamenten. Anfang der 1990er Jahre schätzte das Umweltbundesamt, dass bis zu 30 Prozent aller verordneten Medikamente weggeworfen werden. Neuere Schätzungen gehen davon aus, dass zwischen 10 Prozent und 50 Prozent aller Medikamente weggeworfen werden. Bei einer Untergröße von 10 Prozent entspricht das einem Betrag von 3,39 Milliarden EUR. Hinzu kommen nach Silke Hickmann, Geoökologin beim Umweltbundesamt, noch die enormen ökologischen Belastungen hinzu, wonach inzwischen die Gewässer durch entsorgte Medikamente stärker als durch Pestizidbelastungen verunreinigt sind.

Um die Erreichung der Ziele überprüfbar zu machen, wurde nach der Klimakonferenz in Paris von der Statistikkommission der UN ein Indikatorensatz entwickelt (UNESC 2016). Als Maß für Ziel 12.1 wird beispielsweise die Anzahl der Länder mit einem Aktionsplan für nachhaltigen Konsum und Produktion herangezogen, der Fortschritt bei Ziel 12.3 wird mit dem Index für globale Lebensmittelverluste (Global food loss index, GFLI) gemessen.

An den Zielvorgaben wurde bereits im Vorfeld der Verabschiedung zum Teil erhebliche Kritik geübt. So kommt ein Gutachten der beiden weltweiten Dachverbände der Sozial- und Naturwissenschaften zu dem Schluss, dass nicht einmal jede dritte Zielvorgabe angemessen ist. Über die Hälfte der Zielvorgaben solle zudem spezifischer formuliert werden, und 29 der 169 Zielvorgaben bedürften erheblichen Veränderungen (ICSU & ISSC 2015). Im Zielbereich 12 wurde etwa kritisiert, dass die Zielvorgabe 12.5 kein quantifizierbares Ziel enthält, zu allgemein formuliert und schwer zu messen ist (ebd.).

Auch an den Indikatoren, an denen die Zielerreichung oder -verfehlung gemessen werden soll, wird kritisiert, dass diese weitgehend aus dem Bestand bereits vorliegender Messgrößen stammen und mitunter fraglich ist, inwiefern diese Indikatoren die in den Zielvorgaben und Zielen ausgedrückten Veränderungen tatsächlich abzubilden vermögen (Colglazier 2015).

5.2 Nachhaltiger Konsum auf nationaler Ebene

Auch auf nationaler Ebene sollen im Folgenden wichtige Meilensteine in der Förderung nachhaltigen Konsums skizziert und damit auch der breitere Kontext ausgeleuchtet werden, in den aktuelle politische Bemühungen um die Förderung nachhaltigen Konsums eingebettet sind.

NATIONALE NACHHALTIGKEITSSTRATEGIE

Auf nationaler Ebene wurde das Thema nachhaltiger Konsum 2002 in der Nationalen Nachhaltigkeitsstrategie *Perspektiven für Deutschland*

(Bundesregierung 2002) aufgegriffen, die 1999 angestoßen wurde. Bei der Rio-Konferenz zehn Jahre zuvor hatten sich die Unterzeichnerstaaten der Agenda 21 zur Entwicklung solcher Strategien verpflichtet. Deutschland erfüllte diese Vereinbarung zum Weltgipfel in Johannesburg.

Nachhaltiger Konsum wird in der Nachhaltigkeitsstrategie nicht eigenständig aufgeführt. Zwar taucht der Begriff im Schlagwortverzeichnis auf, jedoch wird das Thema nicht explizit behandelt. Implizit ist Konsum mehrfach vertreten: etwa bei den Schwerpunkten Mobilität oder Ernährung, die auch zu den 21 Themen gehören, deren Entwicklung mittels mehrerer Indikatoren verfolgt wird. Dazu wird alle vier Jahre ein Fortschrittsbericht erstellt sowie alle zwei Jahre ein Indikatorenbericht, in dem die aktuelle Situation und zukünftige Trends aufgezeigt werden. Die Berichte lassen auch eine zunehmende Relevanz des Themas nachhaltiger Konsum erkennen.

Der Bericht *Wegweiser Nachhaltigkeit 2005 – Bilanz und Perspektiven*, der die Nationale Nachhaltigkeitsstrategie fortschreibt, zeigt jedoch, dass dies nicht prompt geschah. Der Wegweiser baut auf der Nachhaltigkeitsstrategie sowie dem ersten Fortschrittsbericht 2004 auf (Bundesregierung 2005). Der Wegweiser fokussiert die sechs Schwerpunktthemen Stromversorgung, nachwachsende Rohstoffe, Waldwirtschaft, biologische Vielfalt, Generationenbilanz und gesellschaftliche Verantwortung von Unternehmen. Ein direkter Bezug zu nachhaltigem Konsum ist auch hier nicht vorhanden.

Explizit thematisiert werden Fragen nachhaltigen Konsums vom Staatssekretärsausschuss für nachhaltige Entwicklung. Das Gremium kontrolliert die Umsetzung und Weiterentwicklung der Nachhaltigkeitsstrategie. Zugleich dient es als Plattform, in der die Nachhaltigkeitsaktivitäten der einzelnen Ressorts reflektiert werden. In den jeweiligen Sitzungen des Ausschusses werden Schwerpunktthemen gesetzt; im Mai 2009 ging es um Nachhaltigen Konsum und nachhaltiges Bauen, wobei der Fokus auf Letztgenanntem lag.

Das im Dezember 2010 beschlossene Maßnahmenprogramm *Nachhaltigkeit konkret im Verwaltungshandeln umsetzen* des Staatssekretärsausschusses hebt die besondere Rolle des Staates als wichtiger Konsument hervor, der somit eine Vorbildfunktion beim nachhaltigen Konsum einnehmen kann und sollte. Das Thema öffentliche Beschaffung wurde bereits in der Agenda 21 hervorgehoben. Im März 2015 wurde eine Weiterentwicklung des Programms beschlossen, welches weitgehend die Fortsetzung bzw. Intensivierung der fünf Jahre zuvor getroffenen Maßnahmen beinhaltet (Staatssekretärsausschuss für nachhaltige Entwicklung 2015b).

Der letzte Fortschrittsbericht zur Nachhaltigkeitsstrategie wurde 2012 veröffentlicht (Bundesregierung 2012). Hier wird nun auch nachhaltiger Konsum explizit erwähnt. Im Teil E (Laufende Berichterstattung: Nachhaltigkeit in einzelnen Politikfeldern) setzt sich ein Kapitel mit nachhaltigem Konsum und nachhaltiger Produktion auseinander. Hervorgehoben werden dabei Aktivitäten, die einen Wandel des Verbraucherverhaltens hin zu kritischerem Konsum unterstützen, die Stärkung von Recycling und Kreislaufwirtschaft, die Notwendigkeit einer hinreichenden Verbraucherinformation – etwa durch entsprechende Produktkennzeichnungen – sowie die Rolle des Staates als großer und damit einflussreicher Konsument, die bereits im Maßnahmenprogramm des Staatssekretärsausschusses betont wurde.

Im Januar 2017 wurde per Kabinettsbeschluss die Neuauflage der nationalen Nachhaltigkeitsstrategie verabschiedet. Die neue Strategie orientiert sich an den Nachhaltigkeitsentwicklungszielen (SDGs) der Vereinten Nationen. Entsprechend enthält die „Deutsche Nachhaltigkeitsstrategie" (Bundesregierung 2016) auch ein eigenes Kapitel zum nachhaltigen Konsum. Die beiden konsumbezogenen Ziele sind die Erhöhung des Marktanteils von Konsumgütern mit Nachhaltigkeitslabeln bzw. die Reduzierung des Energieverbrauchs/der CO_2-Emissionen aus dem Konsum privater Haushalte (eine kritische Diskussion der Nachhaltigkeitsstrategie findet sich bei Michelsen 2017). Die Nachhaltigkeitsstrategie wurde im Oktober 2018 aktualisiert, in Bezug auf nachhaltigen Konsum gabe es jedoch keine Neuausrichtungen.

ERKLÄRUNG DES STAATSSEKRETÄRSAUSSCHUSSES FÜR NACHHALTIGE ENTWICKLUNG

Im Juni 2015 griff der Staatssekretärsausschuss für nachhaltige Entwicklung das Thema nachhaltiger Konsum in einem gleichlautenden Beschluss prominent auf. Darin werden sowohl die Relevanz der Thematik im Allgemeinen dargestellt, als auch explizite Stellschrauben und bereits angelaufene Projekte hervorgehoben. Dazu zählen unter anderem die Bedeutung der Forschung, die Vorbildfunktion der öffentlichen Beschaffung, Marktchancen für die deutsche Wirtschaft, das Projekt *Qualitätscheck Nachhaltigkeit* oder das Bündnis für nachhaltige Textilien. Darüber hinaus fordert der Staatssekretärsausschuss im Beschluss die Einrichtung einer interministeriellen Ressort-Arbeitsgruppe *Nachhaltiger Konsum*, die hauptsächlich für das *Nationale Programm für nachhaltigen Konsum* zuständig sein soll, dessen Verabschiedung ebenfalls vom Staatssekretärsausschuss angestrebt wird. In Rückgriff auf die Aktivitäten auf internationaler Ebene ist hier eine klare Verbindung erkennbar, da ein solches Programm bereits die Erfüllung der ersten Zielvorgabe des 12. Ziels der SDGs darstellt (siehe Tab. 3).

Ebendieses *Nationale Programm für nachhaltigen Konsum* verkörpert den bisher letzten Meilenstein auf nationaler Ebene. Im Februar 2016 wurde es vom Bundeskabinett beschlossen (BMUB 2016). Das Programm soll „sowohl bestehende Aktivitäten zur Förderung nachhaltiger Konsumweisen stärken als auch neue Maßnahmen initiieren" (ebd., S. 2). Zudem soll „die Konsistenz und Wirksamkeit der politischen Maßnahmen in diesem Bereich signifikant gestärkt werden" (ebd.). Dazu werden relevante Handlungsfelder (z.B. Mobilität, Ernährung, Wohnen und Haushalt) und übergreifende Handlungsansätze (z.B. Bildung, Verbraucherinformation, Ökodesign) beschrieben sowie bereits etablierte und neue, noch zu prüfende Maßnahmen angeführt. Dem Programm liegen fünf Leitideen zugrunde:

1. Verbraucherinnen und Verbraucher einen nachhaltigen Konsum ermöglichen
2. Nachhaltigen Konsum von der Nische zum Mainstream befördern
3. Teilhabe aller Bevölkerungsgruppen an nachhaltigem Konsum gewährleisten
4. Lebenszyklus-Perspektive auf Produkte und Dienstleistungen anwenden
5. Vom Produktfokus zur Systemsicht und vom Verbraucher zum Nutzer.

Mit der Erfolgskontrolle der 172 im Programm aufgeführten Maßnahmen wurde vom Umweltbundesamt ein Evaluationsprojekt beauftragt, das bis zum Sommer 2020 Handlungsempfehlungen zur Weiterentwicklung des Programms erarbeiten wird.

Für die operative Begleitung und Umsetzung des Programms wurde beim Umweltbundesamt ein Kompetenzzentrum eingerichtet. Darüber hinaus wurde ein Nationales Netzwerk Nachhaltiger Konsum gegründet mit dem Ziel, Akteure zu vernetzen und Beiträge zur Umsetzung des Programms zu leisten. Eine zentrale Maßnahme dazu sind Veranstaltungsformate wie Netzwerktreffen.

Kritik am Nationalen Programm für nachhaltigen Konsum wurde insbesondere in Bezug auf (1) die Benennung der relevanten Problem- und Handlungsfelder, (2) die Formulierung geeigneter Maßnahmen und (3) die budgetäre Ausstattung geübt (Schrader, Fischer et al. 2017).

Wie wird nachhaltiger Konsum praktiziert?

6

1. MOBILITÄT
2. ERNÄHRUNG
3. KLEIDUNG UND ELEKTRONIK
4. WOHLSTANDSBALLAST EINMAL WÖRTLICH GENOMMEN

Nachhaltiger Konsum wird nicht nur wissenschaftlich beforscht und politisch gefördert – er wird ganz maßgeblich bereits an vielen Orten unseres Alltags gelebt und praktiziert, häufig *bottom up* aus der Initiative Einzelner heraus. Im Folgenden wird anhand konkreter Praxisbeispiele aus aller Welt exemplarisch aufgezeigt, welch vielfältige Gestalt innovative Ansätze aus dem Bereich nachhaltigen Konsums annehmen können.

6.1
Mobilität

In der Stadt wohnen, mit dem Nahverkehr zur Arbeit pendeln – aber trotzdem nicht auf den Komfort eines Autos beim nächsten Großeinkauf oder zur Wochenendveranstaltung auf dem Land verzichten wollen Nutzer und Nutzerinnen von Carsharing-Angeboten (carsharing.de/cs-standorte). Billiger als ein eigener Wagen, unkompliziert und schnell verfügbar, damit werben die mittlerweile zahlreichen Anbieter von den mittlerweile weit verbreiteten Carsharing-Angeboten. Doch das Teilen von Konsumgütern wie Autos, Werkzeugen oder Spielsachen, für die es inzwischen im Netz eine Vielzahl von Plattformen und Anbietern gibt (z.B. www.lets-share.de oder http://crowdcommunity.de/shareconomy/teilen-tauschen-verleihen), ist nicht die einzige Möglichkeit, nachhaltiger zu konsumieren, wie die folgenden Beispiele zeigen.

6.2
Ernährung

Das Gemüse, das auf dem Markt einfach zu gut aussah, um es nicht mitzunehmen, das Brot, das im Supermarkt im Angebot war, die Basilikumpflanze, die auf der Küchenplatte steht – nach zwei Wochen Urlaub ist keins der drei Produkte noch genießbar. Warum also nicht vorher einen Essenskorb zusammenstellen und das übrige Essen dem Nachbarn, der Mitbewohnerin oder vielleicht Fremden zur Verfügung stellen? Dieses Prinzip nutzt Foodsharing.de, indem es auf seiner Internetseite Menschen, die Lebensmittel übrig haben, mit Menschen zusammenbringt, die bereit sind, sie abzuholen. Registriert sind neben zahlreichen Privatpersonen auch Restaurants, Bäcker und Supermärkte, die nach Ladenschluss ihre unverkäuflichen Lebensmittel freigeben. Foodsharing ist insbesondere in deutschen Großstädten gut aufgestellt und findet sich mittlerweile auch an verschiedenen Orten in ganz Europa. Eine bereits gut etablierte Form des Foodsharings stellen die sogenannten *„Tafeln"* dar. Hier werden Lebensmittel gesammelt, um sie Bedürftigen zukommen zu lassen (siehe Bundesverband Deutsche Tafeln e.V. auf tafel.de)

Wem das nicht genug Abwechslung ist, für den bieten **Discosoups** (discosoupe.org), wie es sie in Schottland oder Frankreich gibt, einen zusätzlichen Spaßfaktor im suffizienteren Konsum. Hier treffen sich Lebensmittelretter, nachdem sie auf Märkten, bei Restaurants oder Läden nicht mehr verkäufliche Lebensmittel eingesammelt haben und kochen gemeinsam bei Musik, Gespräch und Tanz.

Ganz frisches Obst ist hingegen auf mundraub.org verzeichnet. Nutzerinnen und Nutzer können Obstbäume auf öffentlichen Grundstücken in eine online durchsuchbare Landkarte eintragen und an den verzeichneten Orten selbst Obst sammeln gehen.

Lebensmittel in gewohnter Verfügbarkeit und Frische – aber doch anders – konsumieren die Kundinnen und Kunden von **unverpackt**-**Läden** oder **Kooperativen**, in denen es darum geht, durch den Kauf von Großgebinden Verpackungsmüll zu vermeiden (https://utopia.de/ratgeber/verpackungsfreier-supermarkt).

6.3 Kleidung und Elektronik

Ähnlich viele Projekte für nachhaltigeren Konsum finden sich in Bezug auf Textilien. Bei **Kleidertauschpartys** können nicht mehr passende, nicht mehr gefallende oder einfach übrige Kleidungsstücke bei Musik, Essen und Trinken eingetauscht werden. Das natürlich nur mit intakten Klamotten – aber auch kaputte Textilien müssen nicht in der Tonne landen. In vielen öffentlichen Räumen oder in manchen Schneidereien gibt es regelmäßige **Upcycling-Workshops**, in denen neben Reparaturen auch ganz neue Gegenstände entstehen. Auch defekten technischen Geräten kann in **Reparatur-Cafés** unter Anleitung neues Leben eingehaucht werden (www.reparatur-initiativen.de).

6.4 Wohlstandsballast einmal wörtlich genommen

Nachhaltiger Konsum kann nicht nur bedeuten, *anders* (teilen, tauschen) oder *besser* (nachhaltige Konsumgüter) zu konsumieren, sondern auch weniger. Aus den USA kommt zum Beispiel die **100-thing-challenge**, der Aufruf, auszusortieren, welches die 100 Gegenstände im Leben sind, die man wirklich zum täglichen Leben braucht. Zahlreiche Blogs berichten, wie sie über hundert Kilo an Kleidung und anderen Gegenständen sortiert, fotografiert und gewogen haben, von denen sie überhaupt nur einen Bruchteil wirklich brauchten. Ein ähnlicher Trend ist das **Decluttering** – auf Deutsch am besten übersetzt mit *Entrümpeln*. Insbesondere die Bücher der Japanerin Marie Kondō, die weltweit millionenfach verkauft wurden, haben eine Bewegung des Aufräumens und Aussortierens ausgelöst (siehe etwa Kondō 2016). Im Amerikanischen gibt es dafür sogar inzwischen ein eigenes Wort: *to kondo*.

Nachhaltiger Konsum als demokratische Gestaltungsaufgabe
7

Nachhaltiges Konsumhandeln – dies haben die Ausführungen dieses Bandes verdeutlicht – ist mitnichten eine wissenschaftlich bestimmbare Praxis, die es nun einfach politisch durchzusetzen und von Menschen in ihrem Konsumhandeln umzusetzen gälte. Zwar lassen sich Folgen von Konsumhandlungen erforschen und diese Konsumhandlungen wiederum politisch beeinflussen. Dieses Wissen jedoch ist nicht ausreichend, um zu bestimmen, was nachhaltiger Konsum konkret bedeuten soll. Die Diskussion um das Nudging verdeutlicht vielmehr, dass es beim nachhaltigen Konsum stets auch um Wertvorstellungen und Bewertungsvorgänge von Risiken und Chancen geht. Diese Prozesse lassen sich nicht allein durch Wissen entscheiden – sie sind immer auch auszuhandeln. Ein Beispiel dafür ist die Diskussion um Tempolimits.

„Wenn zum Beispiel auf schärfere Geschwindigkeitsbegrenzungen im Straßenverkehr verzichtet wird – trotz des statistisch belegten Zusammenhangs zwischen Tempo und tödlichen Unfällen -, wird damit gleichzeitig entschieden, ein höheres Risiko tödlicher Verkehrsunfälle in Kauf zu nehmen. Und die Einführung von Rauchverboten mit dem Argument des Schutzes von Nichtraucherinnen und Nichtrauchern beinhaltet die Entscheidung, dass diesen das Risiko, an einer rauchbedingten Krankheit zu erkranken, nicht zugemutet werden soll" (Blättel-Mink et al. 2013, S. 23).

Nachhaltiger Konsum stellt vor diesem Hintergrund die Herausforderung dar, Verständigung darüber herzustellen, was Nachhaltigkeit im Konsum bedeuten soll und zu welcher Nachhaltigkeit und zu welcher Gesellschaft wir mit unserem Konsumhandeln beitragen sollten und wollen. Dies lässt sich weder an wissenschaftliche Expertinnen und Experten oder politische Eliten delegieren, sondern bleibt zuvorderst eine demokratische Gestaltungsaufgabe.

Serviceteil
8

Dieser abschließende Serviceteil bietet interessierten Leserinnen und Lesern, die sich vertieft mit einzelnen Aspekten nachhaltigen Konsums auseinandersetzen möchten, kommentierte Hinweise auf Literatur und Anlaufstellen im Internet. Die Auswahl beansprucht nicht, die wichtigsten oder bedeutsamsten Fundstellen zu beinhalten. Sie stellt eine persönliche Auswahl der Autoren dar, die unter dem Gesichtspunkt vorgenommen wurde, die Bandbreite verschiedener Konsumbereiche und Institutionen sowie theoretischer und praktischer Zugänge anzudeuten. Jeder Hinweis ist mit einem kurzen Kommentar versehen, der erläutert, worum es bei der Fundstelle geht.

NATIONALES KOMPETENZZENTRUM FÜR NACHHALTIGEN KONSUM

Das Informations- und Aktionsportal des Kompetenzzentrums Nachhaltiger Konsum (https://k-n-k.de) ist eine Initiative im Rahmen des Nationalen Programms für Nachhaltigen Konsum der Bundesregierung. Hier finden sich aktuelle Informationen zur politischen Förderung von nachhaltigem Konsum in Deutschland sowie praktische Hinweise für Bürgerinnen und Bürger.

UMWELTBUNDESAMT

Beim Umweltbundesamt gibt es eine Vielzahl von Artikeln, die unter dem Schlagwort *Nachhaltiger Konsum* (https://www.umwelt

bundesamt.de/tags/nachhaltiger-konsum) zu finden sind. Darunter fallen statistische Erhebungen zum Verhalten und zum Umweltbewusstsein der Bevölkerung, die Erklärung der Problematik einzelner Konsumbereiche und Berichte über Beschlüsse der Bundesregierung. Nicht zuletzt gibt es Empfehlungen für Verbraucherinnen und Verbraucher, wie sie ihren Konsum nachhaltiger gestalten können.

DER NACHHALTIGE WARENKORB

Der nachhaltige Warenkorb (http://nachhaltiger-warenkorb.de) ist ein Angebot des Rates für Nachhaltige Entwicklung. Auf der Webseite wie auch in der App für Smartphones und Tablets werden Hilfestellungen zum nachhaltigeren Konsumieren gegeben. Aktuell werden in 16 Themenbereichen Faustregeln für konkrete Konsumentscheidungen vorgeschlagen und nachhaltige Konsumalternativen dargelegt. Die Bereiche umfassen beispielsweise Lebensmittel, Wohnen und Bauen und Mode und Kosmetik. Darüber hinaus werden Siegel und Produktkennzeichen bewertet und es ist möglich, sich seinen eigenen *Warenkorb* mit allen für sich persönlich wichtigen Informationen zusammenzustellen und so immer zur Hand zu haben. Das Portal bietet somit einen übersichtlichen Einstieg in eine Vielzahl von Themen.

WEBLOG KARMAKONSUM

KarmaKonsum (http://www.karmakonsum.de) versteht sich als Trendportal für nachhaltige Lebensstile und neues Wirtschaften. Die Kategorien sind vielfältig und reichen von Gesundheit über Kultur und Lifestyle bis hin zu Politik. In regelmäßiger Folge berichtet ein Blog über Konferenzen, Studien, Awards oder Aktionen zu den Themen, die sich auch, aber nicht ausschließlich auf nachhaltigen Konsum beziehen.

UTOPIA: STRATEGISCHER KONSUM

Utopia ist ein breit aufgestelltes Portal, welches praktische Tipps für mehr Nachhaltigkeit genauso wie unabhängige Kaufberatung und eine aktive Community bietet. Folgerichtig ist dort auch eine große Rubrik *Konsum* (https://utopia.de/strategischer-konsum) zu finden. Dahinter verbirgt sich eine Reihe von Beiträgen, die über problematische Konsumverhaltensweisen informieren, vorbildliche Produkte und politische wie unternehmerische Entscheidungen hervorheben und Hilfestellungen für einen nachhaltigen Konsum geben. Dabei wird der Ansatz des strategischen Konsums verfolgt: Die Idee dahinter ist, dass man durch gezieltes Einkaufen beeinflussen kann, was wie produziert wird.

FUTURZWEI ZUKUNFTSALMANACH

Der Almanach sammelt jedes Jahr in Buchform innovative Projekte aus Deutschland, stellt diese aber auch im *Zukunftsarchiv* online: www.futurzwei.org. Hier finden sich Geschichten von Pionierinnen und Pionieren, die andere Wirtschafts- und Lebensformen ausprobieren und praktizieren. Innovative Projekte aus aller Welt wurden in Zusammenarbeit mit dem **Goethe-Institut** im Projekt *FuturePerfect* erfasst: www.futureperfectproject.org.

KEYPOINTER

Die Webseite Keypointer (http://www.keypointer.de) verfolgt einen anderen Ansatz als die zuvor vorgestellten Anlaufstellen im Internet: Um eine wirkliche Veränderung herbeizuführen, darf man sich nicht mit einigen kleinen Verhaltensänderungen zufriedengeben. Vielmehr müssen zentrale Hebel genutzt werden – *Key Points* –, die eine deutliche Wirkung haben. Die Webseite bietet sowohl Beispiele für diese Key Points nachhaltigen Konsums als auch eine Liste aller Publikationen des Autors zu diesem Thema.

SYNTHESETEAM DES THEMENSCHWERPUNKTS „VOM WISSEN ZUM HANDELN – NEUE WEGE ZUM NACHHALTIGEN KONSUM" (2013). KONSUM-BOTSCHAFTEN. Was Forschende für die gesellschaftliche Gestaltung nachhaltigen Konsums empfehlen. Stuttgart: S. Hirzel

Dieses Buch ist aus einem inter- und transdisziplinären Forschungsprogramm hervorgegangen, in dem die Frage erörtert wurde, was genau nachhaltiger Konsum ist und wie und von wem er erreicht werden kann. Es stellt acht Konsum-Botschaften vor und enthält Empfehlungen für konkrete Schritte hin zu einem nachhaltigen Konsum. Sowohl normative Fragen werden behandelt wie auch Gesichtspunkte politischer Steuerung und gesellschaftlichen Wandels.

Carolan, M. (2015)
CHEAPONOMICS. WARUM BILLIG ZU TEUER IST.
München: Oekom

In diesem Buch stellt der Autor Michael Carolan dar, warum billige Konsumgüter eine Illusion sind und dass die assoziierten versteckten Kosten in Wahrheit immens hoch sind. Anschauliche Beispiele machen deutlich, welches System dieses Konsummuster am Leben erhält. Gleichzeitig wird aufgezeigt, dass und wie ein Wandel hin zu gerechten Preisen stattfinden kann.

Jackson, T. (2011)
WOHLSTAND OHNE WACHSTUM. LEBEN UND WIRTSCHAFTEN
IN EINER ENDLICHEN WELT.
München: Oekom
Dieses Buch befasst sich mit dem Thema Wohlstand. Es legt die
Grundzüge der derzeitigen Wirtschaftsordnung dar, die auf unendlichem Wachstum beruht, und zeigt die Grenzen dessen auf. Hauptsächlich geht es jedoch darum, wie Wohlstand neu definiert und von diesem Wachstum entkoppelt werden kann. Der Fokus liegt auf der Veränderung des Wirtschaftssystems, fasst aber auch Konsumentinnen und Konsumenten sowie die Politik ins Auge.

Defila, R., Di Giulio, A. & Kaufmann-Hayoz, R. (Hrsg.) (2011)
WESEN UND WEGE NACHHALTIGEN KONSUMS: ERGEBNISSE
AUS DEM THEMENSCHWERPUNKT" VOM WISSEN ZUM
HANDELN — NEUE WEGE ZUM NACHHALTIGEN KONSUM".
München: Oekom
Dieser Band fasst die Ergebnisse aus dem Themenschwerpunkt
„Vom Wissen zum Handeln – Neue Wege zum Nachhaltigen Konsum" im Rahmen der „Sozial-ökologischen Forschung" zusammen.
Im ersten Teil wird der Syntheserahmen dargestellt. Dabei werden keine abschließenden Antworten als Ergebnis vorgelegt, sondern vielmehr Systematiken und Strukturen herausgearbeitet, mit deren Hilfe relevante Ansätze gefunden und eingeordnet werden können. Im zweiten Teil des Buches werden ausgewählte Resultate aus einzelnen Forschungsverbünden präsentiert, die deutlich machen, an welch verschiedenen Stellen und Arten sich nachhaltiger Konsum fördern lässt.

Hahn, M., & Herrmann, F. (2014)
FAIR EINKAUFEN – ABER WIE? DER RATGEBER FÜR FAIREN
HANDEL, FÜR MODE, GELD, REISEN UND GENUSS.
4. vollständig überarbeitete und aktualisierte Auflage.
Frankfurt: Brandes & Apsel
Dieser Ratgeber dient in erster Linie als Einkaufsführer, mit dessen Hilfe der eigene Konsum fairer gestaltet werden kann. Dazu haben der Autor und die Autorin eine Vielzahl an Adressen, Weblinks Literaturempfehlungen und Einkaufstipps zusammengestellt. Darüber hinaus werden interessante Hintergrundinformationen geliefert, etwa zur historischen Entwicklung, den relevanten Akteuren und aktuellen Herausforderungen des Fairen Handels.

Kreutzberger, S. & Thurn, V. (2011)
DIE ESSENSVERNICHTER: WARUM DIE HÄLFTE
ALLER LEBENSMITTEL IM MÜLL LANDET UND WER
DAFÜR VERANTWORTLICH IST.
Köln: Kiepenheuer & Witsch

Dieses Buch thematisiert die Problematik der Lebensmittelver-schwendung. Es wird aufgezeigt, wie viele und warum essbare Lebensmittel im Müll landen und welche Auswirkungen dieser ver-schwenderische Konsum auf globaler Ebene hat. Der letzte Teil des Buches widmet sich Lösungsansätzen. Er enthält Empfehlungen sowohl für Politik und Wirtschaft als auch für Verbraucherinnen und Verbraucher. Nicht nur Einkaufs- und Kochgewohnheiten werden da-bei betrachtet, sondern auch die Möglichkeit, im Kollektiv Einfluss auf Politik und Unternehmen nehmen zu können.

LITERATURVERZEICHNIS

Backhaus, J., Breukers, S., Mont, O., Paukovic, M. & Mourik, R. (2012). *Sustainable Lifestyles: Today's Facts & Tomorrow's Trend. D1.1 Sustainable lifestyles baseline report.* Amsterdam: Energy research Centre of the Netherlands.

Baudrillard, J. (2006). *The consumer society. Myths and structures* (Theory, culture & society). London: Sage Publications.

Becker, G. (2001). *Urbane Umweltbildung im Kontext einer nachhaltigen Entwicklung. Theoretische Grundlagen und schulische Perspektiven.* Opladen: Leske + Budrich.

Belz, F.-M. & Bilharz, M. (2005). *Nachhaltiger Konsum. Zentrale Herausforderung für moderne Verbraucherpolitik* (Consumer Science, Bd. 1). München: Technische Universität München. Verfügbar unter http://www.wzw.tum.de/cms/cs/upload/Publikationen/DB-1_Internet_NK_Belz-Bilharz.pdf

Binswanger, M. (2001). Technological progress and sustainable development. What about the rebound effect? *Ecological Economics, 36* (1), 119-132.

Bittner, J. (2015). Nudge mich: Der Bürger ist verführbar – zum Glück! Die ZEIT, 15. Verfügbar unter http://www.zeit.de/2015/15/vehalten-nudge-steuerung-anleitung

Blättel-Mink, B., Brohmann, B., Defila, R., Di Giulio, A., Fischer, D., Fuchs, D. A. et al. (2013). *Konsum-Botschaften. Was Forschende für die gesellschaftliche Gestaltung nachhaltigen Konsums empfehlen.* Stuttgart: Hirzel.

BMU – Bundesministerium für Umwelt, Naturschutz und Reaktorsicherheit (1992). *Agenda 21. Konferenz der Vereinten Nationen für Umwelt und Entwicklung im Juni 1992 in Rio de Janeiro. Dokumente.* Berlin: Bundesministerium für Umwelt, Naturschutz und Reaktorsicherheit.

BMUB – Bundesministerium für Umwelt, Bau, Naturschutz und Reaktorsicherheit (2016). *Nationales Programm für nachhaltigen Konsum,* Berlin. Verfügbar unter http://www.bmub.bund.de/fileadmin/Daten_BMU/Download_PDF/Produkte_und_Umwelt/nat_programm_konsum_bf.pdf

Bömmel, H. v. (2003). *Konsumentensouveränität. Neue Gestaltungsoptionen des Konsumenten in der postindustriellen Wirtschaft.* Marburg: Metropolis Verlag.

Borgstedt, S., Christ, T. & Reusswig, F. (2010). *Umweltbewusstsein in Deutschland 2010. Ergebnisse einer repräsentativen Bevölkerungsumfrage.* Dessau-Roßlau: Umweltbundesamt für Mensch und Umwelt.

Borscheid, P. (2009). Agenten des Konsums: Werbung und Marketing. In H.-G. Haupt & C. Torp (Hrsg.), *Die Konsumgesellschaft in Deutschland 1890-1990* (S. 79-96). Campus.

Braungart, M. & McDonough, W. (2003). *Einfach intelligent produzieren. Cradle to cradle: Die Natur zeigt, wie wir die Dinge besser machen können.* Berlin: Berliner Taschenbuch Verlag.

Braungart, M. & McDonough, W. (2008). *Die nächste industrielle Revolution. Die Cradle to Cradle-Community.* Hamburg: Europäische Verlagsanstalt.

BUND & Misereor (1996). *Zukunftsfähiges Deutschland. Ein Beitrag zu einer global nachhaltigen Entwicklung.* Basel: Birkhäuser Verlag.

Bundesregierung (2002). *Perspektiven für Deutschland. Unsere Strategie für eine nachhaltige Entwicklung.* Berlin. Verfügbar unter http://www.bundesregierung.de/ Anlage585668/pdf_datei.pdf

Bundesregierung (2005). *Wegweiser Nachhaltigkeit 2005: Bilanz und Perspektiven. Kabinettsbeschluss vom 10. August 2005.* Berlin. Verfügbar unter http://www. nachhaltigkeitsrat.de/service/download/ wegweiser_nachhaltigkeit/Wegweiser_ Nachhaltigkeit_2005.pdf

Bundesregierung (2012). *Nationale Nachhaltigkeitsstrategie: Fortschrittsbericht 2012*, Berlin. Verfügbar unter http://www.bundes regierung.de/Webs/Breg/nachhaltigkeit/ Content/_Anlagen/2012-02-14-fortschritts bericht-2012-kabinettvorlage.pdf?__blob= publicationFile

Bundesregierung (2016). *Deutsche Nachhaltigkeitsstrategie. Neuauflage 2016.* Berlin.

Carlowitz, H. C. v. & Hamberger, J. (2013). *Sylvicultura oeconomica oder Haußwirthliche Nachricht und Naturmäßige Anweisung zur Wilden Baum-Zucht.* München: Oekom.

Colglazier, W. (2015). Sustainable development agenda: 2030. *Science, 349* (6252), 1048-1050.

Credit Suisse (2018). *Global Wealth Report 2018.* Zurich. Verfügbar unter https://www. credit-suisse.com/media/assets/corporate/ docs/about-us/research/publications/ global-wealth-report-2018-en.pdf

Dalal-Clayton, B. & Bass, S. (2007). *Sustainable development strategies. A resource book.* London: Earthscan.

Deutscher Bundestag (2015). *Schriftliche Fragen mit den in der Woche vom 4. Mai 2015 eingegangenen Antworten der Bundesregierung. Drucksache 18/4856*, Berlin. Verfügbar unter http://dipbt.bundestag.de/ dip21/btd/18/048/1804856.pdf

Di Fabio, U. (2015). „Wir sind keine Labormäuse". *Der SPIEGEL*, 15, S. 38-39. Verfügbar unter http://magazin.spiegel.de/ EpubDelivery/spiegel/pdf/133262099

Di Giulio, A. (2004). *Die Idee der Nachhaltigkeit im Verständnis der Vereinten Nationen. Anspruch, Bedeutung und Schwierigkeiten* (Ethik in der Welt, Bd. 3). Münster: LIT Verlag.

Di Giulio, A., Brohmann, B., Clausen, J., Defila, R., Fuchs, D. A., Kaufmann-Hayoz, R. et al. (2011). Bedürfnisse und Konsum – ein Begriffssystem und dessen Bedeutung im Kontext von Nachhaltigkeit. In R. Defila, A. Di Giulio & R. Kaufmann-Hayoz (Hrsg.), *Wesen und Wege nachhaltigen Konsums. Ergebnisse aus dem Themenschwerpunkt „Vom Wissen zum Handeln – Neue Wege zum nachhaltigen Konsum"* (S. 47-72). München: Oekom.

EEA – European Environment Agency (2010). *The European environment – state and outlook 2010. Consumption and the* environment. Copenhagen: European Environment Agency.

EEA – European Environment Agency (2015). *The European environment – state and outlook 2015. Synthesis report.* Copenhagen: European Environment Agency.

Eurostat (2015). *Sustainable development in the European Union. 2015 monitoring report of the EU Sustainable Development Strategy.* Luxembourg: Publications Office of the European Union.

FAO – Food and Agriculture Organization of the United Nations (2015). *The state of food insecurity in the world 2015. Meeting the 2015 international hunger targets: taking stock of uneven progress.* Rome.

Fichter, K., Hintemann, R., Beucker, S., & Behrendt, S. (2012). *Gutachten zum Thema „Green IT – Nachhaltigkeit" für die Enquete-Kommission Internet und digitale Gesellschaft des Deutschen Bundestages.* Berlin.

Fischer, C. & Grießhammer, R. (2013). *Mehr als nur weniger. Suffizienz: Begriff, Begründung und Potenziale* (Working Paper 2/2013). Freiburg i. Br.: Öko-Insitut. Verfügbar unter http://ecodialog.de/ oekodoc/1836/2013-505-de.pdf

Fischer, D., Michelsen, G., Blättel-Mink, B. & Di Giulio, A. (2011). Nachhaltiger Konsum: Wie lässt sich Nachhaltigkeit im Konsum beurteilen? In R. Defila, A. Di Giulio & R. Kaufmann-Hayoz (Hrsg.), *Wesen und Wege nachhaltigen Konsums. Ergebnisse aus dem Themenschwerpunkt „Vom Wissen zum Handeln – Neue Wege*

zum nachhaltigen Konsum" (S. 73-88). München: Oekom.

Global Footprint Network. (2018). *Has humanity's Ecological Footprint reached its peak?* Verfügbar unter https://www. footprintnetwork.org/2018/04/09/has_ humanitys_ecological_footprint_reached_ its_peak/

Grewe, M. (2015). Reparieren als nachhaltige Praxis im Umgang mit begrenzten Ressourcen? Kulturwissenschaftliche Notizen zum „Repair Cafe". In M. Tauschek & M. Grewe (Hrsg.), *Knappheit, Mangel, Überfluss. Kulturwissenschaftliche Positionen zum Umgang mit begrenzten Ressourcen* (1. Aufl., S. 267-290). Frankfurt am Main: Campus.

Guhr, S. (2018). *Neue Technologien und alte Probleme?* Berlin: Facing Finance. Verfügbar unter http://www.facing-finance. org/files/2018/11/Facing-Finance_Faire-Rohstoffe-fXXr-grXXne-Technologien.pdf

Guiltinan, J. (2009). Creative Destruction and Destructive Creations. Environmental Ethics and Planned Obsolescence. *Journal of Business Ethics, 89* (S1), 19-28.

Halang, V. (2016). Ambitioniert, aber ohne Plan. *Enorm.* Verfügbar unter http://enorm-magazin.de/ambitioniert-aber-ohne-plan

Hansen, U. & Schrader, U. (1997). A Modern Model of Consumption for a Sustainable Society. *Journal of Consumer Policy, 20* (4), 443-468.

Hauff, V. (1987). *Unsere gemeinsame Zukunft. Der Brundtland-Bericht der Weltkommission für Umwelt und Entwicklung.* Greven: Eggenkamp Verlag.

Hauff, M. von (2014). Nachhaltige Entwicklung – Grundlagen und Umsetzung. München: Oldenbourg Verlag.

Hauff, M. von (2015). Wachstum – Die Kontroverse um nachhaltiges Wachstum. Wiesbaden: Hessische Landeszentrale für politische Bildung.

Heidbrink, L. & Reidel, J. (2011). Nachhaltiger Konsum durch politische Selbstbindung. GAiA, 20 (3), 152-156.

Hellmann, K.-U. & Schrage, D. (2004). Vorwort. In K.-U. Hellmann & D. Schrage (Hrsg.), Konsum der Werbung. Zur Produktion und Rezeption von Sinn in der kommerziellen Kultur (Konsumsoziologie und Massenkultur, S. 7-9). Wiesbaden: VS Verlag für Sozialwissenschaften.

Hertwich, E. G. (2005). Consumption and the rebound effect – An industrial ecology perspective. Journal of Industrial Ecology, 9 (1-2), 85-98.

Hinterberger, F., Luks, F. & Stewen, M. (1996). Ökologische Wirtschaftspolitik. Zwischen Ökodiktatur und Umweltkatastrophe (Wuppertal Paperbacks). Berlin: Birkhäuser.

Huber, J. (1998). Die Konsistenz-Strategie. Effizienz und Suffizienz alleine können Nachhaltigkeit nicht sichern. Politische Ökologie, 16 (Sonderheft 11), 26-29.

ICSU & ISSC – International Council for Science & International Social Science Council (2015). Review of the Sustainable Development Goals: The Science Perspective. Paris.

IEA – International Energy Agency (2008). World Energy Outlook 2008. Executive Summary. Paris.

IEA – International Energy Agency (2015a). Key World Energy Statistics. Paris. Verfügbar unter http://www.iea.org/publications/freepublications/publication/KeyWorld_Statistics_2015.pdf

IEA – International Energy Agency (2018). World Energy Outlook 2018. Executive Summary. Paris.

IPCC – Intergovernmental Panel on Climate Change (2014). Climate Change 2014: Synthesis Report. Contribution of Working Groups I, II and III to the Fifth Assessment Report of the Intergovernmental Panel on Climate Change [Core Writing Team, R.K. Pachauri and L.A. Meyer (Hrsg.)]. Geneva.

Ivanova, D., Stadler, K., Steen-Olsen, K., Wood, R., Vita, G., Tukker, A. et al. (2015). Environmental Impact Assessment of Household Consumption. Journal of Industrial Ecology, 20 (3), 526-536.

Jackson, T. & Marks, N. (1999). Consumption, sustainable welfare and human needs – with reference to UK expenditure patterns between 1954 and 1994. Ecological Economics, 28 (3), 421-441.

Jackson, T. & Michaelis, L. (2003). Policies for Sustainable Consumption. London: Sustainable Development Commission UK. Verfügbar unter http://www.sd-commission.org.uk/publications/downloads/030917%20Policies%20for%20sustainable%20consumption%20_SDC%20report_.pdf

Jackson, T. (2005). *Motivating Sustainable Consumption. a review of evidence on consumer behaviour and behavioural change.* Verfügbar unter http://sdrnadmin.rechord.com/wp-content/uploads/motivatingscfinal_000.pdf

Jackson, T. (2013). *Wohlstand ohne Wachstum*, 2. Aufl., München: Oekom.

Jebb, A. T., Tay, L., Diener, E. & Oishi, S. (2018). Happiness, income satiation and turning points around the world. *Nature Human Behaviour, 2* (1), 33–38.

Jerneck, A., Olsson, L., Ness, B., Anderberg, S., Baier, M., Clark, E. et al. (2011). Structuring sustainability science. *Sustainability Science, 6* (1), 69-82.

Kallbekken, S. & Sælen, H. (2013). 'Nudging' hotel guests to reduce food waste as a win-win environmental measure. *Economics Letters, 119* (3), 325-327.

Kaufmann-Hayoz, R., Brohmann, B., Defila, R., Di Giulio, A., Dunkelberg, E., Erdmann, L. et al. (2011). Gesellschaftliche Steuerung des Konsums in Richtung Nachhaltigkeit. In R. Defila, A. Di Giulio & R. Kaufmann-Hayoz (Hrsg.), *Wesen und Wege nachhaltigen Konsums. Ergebnisse aus dem Themenschwerpunkt „Vom Wissen zum Handeln – Neue Wege zum nachhaltigen Konsum"* (S. 125-156). München: Oekom.

Kenning, P., Reisch, L. A. & Wertenbroch, K. (2016). Nudge: Psychologie zum Wohle des Verbrauchers nutzen. *Absatzwirtschaft* (9), 44-49.

Kharas, H. & Gertz, G. (2010). The New Global Middle Class: A Crossover from West to East. In C. Li (Hrsg.), *China's emerging middle class. Beyond economic transformation* (S. 32-51). Washington: Brookings Institution Press.

Kleinhückelkotten, S., Neitzke, H.-P. & Moser, S. (2016). Repräsentative Erhebung von Pro-Kopf-Verbräuchen natürlicher Ressourcen in Deutschland (nach Bevölkerungsgruppen) (Texte 39/2016). Dessau-Roßlau: Umweltbundesamt für Mensch und Umwelt.

Kleinschmidt, C. (2008). *Konsumgesellschaft* (Grundkurs Neue Geschichte, Bd. 3105). Göttingen: Vandenhoeck & Ruprecht.

Kondo, M. (2016). *Das große Magic-Cleaning-Buch. Über das Glück des Aufräumens* (Deutsche Erstausgabe). Reinbek: ROWOHLT Taschenbuch.

Kopfmüller, J., Brandl, V., Jörissen, J., Paetau, M., Banse, G., Ceoenen, R. et al. (2001). *Nachhaltige Entwicklung integrativ betrachtet. Konstitutive Elemente, Regeln, Indikatoren* (Global zukunftsfähige Entwicklung – Perspektiven für Deutschland, Bd. 1). Berlin: Ed. Sigma.

König, W. (2000). *Geschichte der Konsumgesellschaft* (Vierteljahrschrift für Sozial- und Wirtschaftsgeschichte – Beihefte, Bd. 154). Stuttgart: Verlag Franz Steiner.

Lamla, J. (2008). Sozialpolitische Verbraucheraktivierung. Konsumsubjekt und Bürgergemeinschaft in der Marktgesellschaft. In A. Evers & R. G. Heinze (Hrsg.), *Sozialpolitik. Ökonomisierung und Entgrenzung* (S. 301-320). Wiesbaden: VS Verlag für Sozialwissenschaften.

Leach, M. A., Raworth, K. & Rockström, J. (2013). Between social and planetary boundaries: Navigating pathways in the safe and just space for humanity. In InternationNal Social Science Council (ISSC) & United Nations Educational, Scientific and Cultural Organization (UNESCO) (Hrsg.), *World Social Science Report 2013. Changing Global Environments* (S. 84-89). Paris: OECD Publishing and UNESCO Publishing.

Lehner, M., Mont, O. & Heiskanen, E. (2016). Nudging – a promising tool for sustainable consumption behaviour? *Journal of Cleaner Production, 134* (Part A), 166-177.

Leismann, K., Schmitt, M., Rohn, H. & Baedeker, C. (2012). *Nutzen statt Besitzen. Auf dem Weg zu einer ressourcenschonenden Konsumkultur.* Berlin: Heinrich-Böll-Stiftung.

Lerch, A. (2000). Das Prinzip der Konsumentensouveränität aus ethischer Sicht. *Zeitschrift für Wirtschafts- und Unternehmensethik, 1* (2), 174-191.

Linz, M. (2002). Warum Suffizienz unentbehrlich ist. In M. Linz, P. Bartelmus, P. Hennicke, R. Jungkeit, W. Sachs, G. Scherhorn et al. (Hrsg.), *Von nichts zu viel. Suffizienz gehört zur Nachhaltigkeit* (S. 7-14). Wuppertal. Wuppertal Institut für Klima, Umwelt, Energie.

Linz, M., Bartelmus, P., Hennicke, P., Jungkeit, R., Sachs, W., Scherhorn, G., Wilke, G. & Winterfeld, U. von (Hrsg.) (2002). *Von nichts zu viel. Suffizienz gehört zur Nachhaltigkeit* (Wuppertal Papers Nr. 125), Wuppertal.

Lorek, S. & Spangenberg, J. H. (2014). Sustainable consumption within a sustainable economy – beyond green growth and green economies. *Journal of Cleaner Production, 63*, 33-44.

Martens, J. & Obenland, W. (2016). *Die 2030-Agenda. Globale Zukunftsziele für nachhaltige Entwicklung.* Bonn: Global Policy Forum.

Max-Neef, M. (1992). Development and human needs. In P. Ekins & M. Max-Neef (Hrsg.), *Real-life economics. Understanding wealth creation* (S. 197-214). London: Routledge.

Michelsen, G. (Hrsg.) (2017). *Die Deutsche Nachhaltigkeitsstrategie. Wegweiser für eine Politik der Nachhaltigkeit.* Wiesbaden: Hessische Landeszentrale für politische Bildung.

Micklitz, H.-W., Oehler, A., Piorkowsky, M.-B., Reisch, L. A. & Strünck, C. (2010). *Der vertrauende, der verletzliche oder der verantwortungsvolle Verbraucher? Plädoyer für eine differenzierte Strategie in der Verbraucherpolitik. Stellungnahme des Wissenschaftlichen Beirats Verbraucher- und Ernährungspolitik beim BMELV*, Berlin.

Millennium Ecosystem Assessment. (2005). *Ecosystems and human well-being. Synthesis.* Washington, DC: Island Press.

Müller, E. (2001). Grundlinien einer modernen Verbraucherpolitik. *Aus Politik und Zeitgeschichte* (24), 6-15.

Mueller, A., Mitchell, J. E., Crosby, R. D., Gefeller, O., Faber, R. J., Martin, A. et al. (2010). Estimated prevalence of compulsive buying in Germany and its association with sociodemographic characteristics and depressive symptoms. *Psychiatry Research, 180* (2-3), 137–142.

Nussbaum, M. C. & Sen, A. K. (Hrsg.) (1993). *The quality of life. A study prepared for the World Institute for Development Economics Research (WIDER) of the United Nations University* (Studies in development economics). Oxford: Clarendon Press.

OECD – Organisation for Economic Co-Operation and Development (2012). *OECD Environmental Outlook to 2050. The Consequences of Inaction:* OECD Publishing.

OECD – Organisation for Economic Co-Operation and Development (2017). *OBESITY Update.* Paris. Verfügbar unter https://www.oecd.org/els/health-systems/Obesity-Update-2017.pdf

Pfister, C. (1994). Das 1950er Syndrom: Die Epochenschwelle der Mensch-Umwelt-Beziehung zwischen Industriegesellschaft und Konsumgesellschaft. *GAiA, 3* (2), 71-90.

Pötter, B. (2010). *Ausweg Ökodiktatur? Wie unsere Demokratie an der Umweltkrise scheitert* (quer gedacht). München: Oekom.

Raab, G. & Neuner, M. (2009). Kaufsucht als nichtstoffgebundene Abhängigkeit entwickelter Konsumgesellschaften. In D. Batthyány & A. Pritz (Hrsg.), *Rausch ohne Drogen. Substanzungebundene Süchte* (S. 95-107). Vienna: Springer Vienna.

Raworth, K. (2012). *A safe and just space for humanity. Can we live within the Doughnut?* (Oxfam Discussion Paper). Oxford.

Reisch, L. A. (2003). Kultivierung der Nachhaltigkeit. In G. Scherhorn & C. Weber (Hrsg.), *Nachhaltiger Konsum. Auf dem Weg zur gesellschaftlichen Verankerung* (2. Aufl., S. 41-54). München: oekom verlag.

Reisch, L. A., Neuner, M. & Raab, G. (2004). Zur Entstehung und Verbreitung der, Kaufsucht' in Deutschland. *Aus Politik und Zeitgeschichte* (1-2), 16-22.

Reisch, L. A. & Sandrini, J. (2015). *Nudging in der Verbraucherpolitik. Ansätze verhaltensbasierter Regulierung* (Schriftenreihe des Instituts für Europäisches Wirtschafts- und Verbraucherrecht e.V, Bd. 36, 1. Auflage). Baden-Baden: Nomos.

Rockström, J., Steffen, W., Noone, K., Persson, Å., Chapin, F. S., Lambin, E. F. et al. (2009). A safe operating space for humanity. *Nature, 461* (7263), 472-475.

SCBD – Secretariat of the Convention on Biological Diversity (2014). *Global Biodiversity Outlook 4.* Montreal.

Schandl, H., Fischer-Kowalski, M., West, J., Giljum, S., Dittrich, M., Eisenmenger, N. et al. (2016). *Global Material Flows and Resource Productivity. An Assessment Study of the UNEP International Resource Panel.* Nairobi.

Scherhorn, G. & Reisch, L. A. (1997). *Wege zu nachhaltigen Konsummustern. Überblick über den Stand der Forschung und vorrangige Forschungsthemen* (Ökologie und Wirtschaftsforschung, Bd. 26). Marburg: Metropolis Verlag.

Schmidt-Bleek, F. (2000). *Das MIPS-Konzept. Weniger Naturverbrauch – mehr Lebensqualität durch Faktor 10.* München: Droemersche Verlagsanstalt Th. Knaur Nachf.

Schrader, U., Fischer, D. u.a. (2017). „Nationales Programm für nachhaltigen Konsum" – Misserfolg vorprogrammiert. Offener Brief von Nachhaltigkeitswissenschaftlerinnen und -wissenschaftlern. Verfügbar unter https://www.aloenk.tu-berlin.de/menue/offener_brief_np_nk/

Slater, D. (1997). *Consumer culture and modernity.* Cambridge: Polity Press.

Smith, A. u.a. (1981). The Theory of Moral Sentiments, Indianapolis (S.660).

Spangenberg, J. H. (2003). Vision 2020: Arbeit, Umwelt, Gerechtigkeit – Strategien für ein zukunftsfähiges Deutschland. In J. H. Spangenberg (Hrsg.), *Vision 2020. Arbeit, Umwelt, Gerechtigkeit Strategien für ein zukunftsfähiges Deutschland* (S. 19-144). München: Oekom.

Staatssekretärsausschuss für nachhaltige Entwicklung (2010). *Nachhaltigkeit konkret im Verwaltungshandeln umsetzen – Maßnahmenprogramm Nachhaltigkeit,* Berlin.

Staatssekretärsausschuss für nachhaltige Entwicklung (2015a). *Nachhaltiger Konsum,* Berlin.

Staatssekretärsausschuss für nachhaltige Entwicklung (2015b). *Nachhaltigkeit konkret im Verwaltungshandeln umsetzen – Maßnahmenprogramm Nachhaltigkeit,* Berlin.

Steffen, W., Richardson, K., Rockström, J., Cornell, S. E., Fetzer, I., Bennett, E. M. et al. (2015). Sustainability. Planetary boundaries: guiding human development on a changing planet. *Science, 347* (6223).

Stengel, O. (2011). *Suffizienz. Die Konsumgesellschaft in der ökologischen Krise* (Wuppertaler Schriften zur Forschung für eine nachhaltige Entwicklung, Band 1). München: Oekom.

Stern, P. (2000). Toward a Coherent Theory of Environmentally Significant Behavior. *Journal of Social Issues, 56* (3), 407-424.

Stoltenberg, U. (2010). Werte im Konzept einer Bildung für eine nachhaltige Entwicklung. In Leuchtpol e.V. (Hrsg.), *Hier spielt die Zukunft. Kinder. Werte. Klimaschutz.* (S. 10-19). Frankfurt a.M.

Sturn, R. (2013). Grenzen der Konsumentensouveränität und die Perspektiven der Meritorik. In M. Held, G. Kubon-Gilke, & R. Sturn (Hrsg.), *Grenzen der Konsumentensouveränität – Normative und institutionelle Grundlagen der Ökonomik (*S. 15-39), Marburg: Metropolis.

Takase, C. (2005). Changing consumption and production patterns - the Marrakech process. *Natural Resources Forum, 29* (4), 404-407.

Thaler, R. H. & Sunstein, C. R. (2011). *Nudge. Wie man kluge Entscheidungen anstösst* (Ullstein, Bd. 37366, Ungekürzte Ausg., 1. Aufl.). Berlin: Ullstein.

Torp, C. & Haupt, H.-G. (2009). Einleitung: Die vielen Wege der deutschen Konsumgesellschaft. In H.-G. Haupt & C. Torp (Hrsg.), *Die Konsumgesellschaft in Deutschland 1890-1990* (S. 9-24). Campus.

Tremmel, J. (2004). ‚Nachhaltigkeit' – definiert nach einem kriteriengebundenen Verfahren. *GAiA, 13* (1), 26-34.

Tukker, A., Charter, M., Vezzoli, C., Stø, E. & Munch Andersen, M. (Hrsg.) (2008). *Perspectives on radical changes to sustainable consumption and production* (System innovation for sustainability, vol. 1). Sheffield: Greenleaf.

Tukker, A., Emmert, S., Charter, M., Vezzoli, C., Sto, E., Munch Andersen, M. et al. (2008). Fostering change to sustainable consumption and production: an evidence based view. *Journal of Cleaner Production, 16* (11), 1218-1225.

Umweltbundesamt (1997). *Nachhaltiges Deutschland. Wege zu einer dauerhaft umweltgerechten Entwicklung.* Berlin: Verlag Erich Schmidt.

Umweltbundesamt (2010): umweltschädliche Subventionen in Deutschland, Dessau.

UNDESA – United Nations Department of Economic and Social Affairs – Division for Sustainable Development (2002). *Plan of Implementation of the World Summit on Sustainable Development.* Johannesburg. Verfügbar unter http://www.un.org/esa/sustdev/documents/WSSD_POI_PD/English/WSSD_PlanImpl.pdf

UNEP – United Nations Environment Programme (2011). *Keeping Track of Our Changing Environment: From Rio to Rio+20 (1992-2012).* Nairobi: Division of Early Warning and Assessment (DEWA), United Nations Environment Programme (UNEP).

UNEP – United Nations Environment Programme (2016a). *10 Year Framework of Programmes on Sustainable Consumption and Production (10YFP) – Programme Consultation and Current Status,* United Nations Environment Programme (UNEP). Verfügbar unter http://www.unep.org/10yfp/Programmes/ProgrammeConsultationandCurrentStatus/tabid/129606/Default.aspx

UNEP – United Nations Environment Programme (2016b). *Global Environment Outlook GEO-6. Assessment for the Pan-European Region.* Nairobi.

UNESC – United Nations Economic and Social Council (2016). *Report of the Inter-Agency and Expert Group on Sustainable Development Goal Indicators,* New York. Verfügbar unter http://unstats.un.org/unsd/statcom/47th-session/documents/2016-2-SDGs-Rev1-E.pdf

United Nations (2012a). *A 10-year framework of programmes on sustainable consumption and production patterns (A/CONF.216/5).* Verfügbar unter https://rio20.un.org/sites/rio20.un.org/files/a-conf.216-5_english.pdf

United Nations (2012b). *The Future We Want. Final document of the Rio+20 UN Conference on Sustainable Development.* Verfügbar unter http://daccess-dds-ny.un.org/doc/UNDOC/GEN/N11/476/10/PDF/N1147610.pdf

United Nations (2015a). *Entwurf des Ergebnisdokuments des Gipfeltreffens der Vereinten Nationen zur Verabschiedung der Post -2015- Entwicklungsagenda. A/RES/69/315*.* Verfügbar unter http://www.un.org/depts/german/gv-69/band3/ar69315.pdf

United Nations (2015b). *Transforming our world: the 2030 Agenda for Sustainable*

Development. Resolution adopted by the General Assembly on 25 September 2015, New York.

Veblen, T. (2000). Conspicuous Consumption. In J. Schor & D. B. Holt (Hrsg.), The Consumer Society Reader (S. 187-204). New York: The New Press.

Weizsäcker, E. U. von, Hargroves, K., Smith, M. H., Desha, C. & Stasinopoulos, P. (2009). Factor five. Transforming the global economy through 80% improvements in resource productivity. a report to the Club of Rome. London: Earthscan.

Weizsäcker, E. v., Lovins, A. B. & Lovins, L. H. (1997). Factor four. Doubling wealth – halving resource use. the new report to the Club of Rome. London: Earthscan.

WHO – World Health Organisation (2016a). Household air pollution and health (Fact-sheet Nr. 292) [Stand: 08.09.2016],

Geneva. Verfügbar unter http://www.who.int/mediacentre/factsheets/fs292/en/

WHO – World Health Organisation (2016b). Obesity and Overweight. Fact sheet [Stand: 09.09.2016], Geneva. Verfügbar unter http://www.who.int/mediacentre/factsheets/fs311/en/

Wiedmann, T. O., Schandl, H., Lenzen, M., Moran, D., Suh, S., West, J. et al. (2015). The material footprint of nations. Proceedings of the National Academy of Sciences of the United States of America, 112 (20), 6271-6276.

Wuppertal Institut für Klima, Umwelt, Energie (2005). Fair future. Begrenzte Ressourcen und globale Gerechtigkeit. Bonn: Bundeszentrale für politische Bildung.

WWF – World Wide Fund for Nature (2018). Living Planet Report 2018. Aiming Higher. Gland.

In der Schriftenreihe Nachhaltigkeit sind erhältlich:

1 Fair Trade – Ein Konzept nachhaltiger Entwicklung
von Michael von Hauff

2 Bildung für nachhaltige Entwicklung
von Gerd Michelsen und Daniel Fischer

3 Nachhaltiger Konsum
von Daniel Fischer und Michael von Hauff

4 Vom Wert der Nachhaltigkeit –
Traditionen und Visionen einer Leitidee
von Ulrich Grober

5 Kreislaufwirtschaft –
Ein Ausweg aus der sozial-ökologischen Krise?
von Melanie Jaeger-Erben und Florian Hofmann